SHENDU YUWEN DE SI YU SHI

深度语文的思与诗
——干国祥谈语文教学

干国祥　著

漓江出版社
·桂林·

图书在版编目（CIP）数据

深度语文的思与诗 / 干国祥著 . -- 桂林 : 漓江出
版社，2023.1
ISBN 978-7-5407-9351-7

Ⅰ . ①深… Ⅱ . ①干… Ⅲ . ①小学语文课—教学研究
Ⅳ . ① G623.202

中国版本图书馆 CIP 数据核字（2022）第 258712 号

深度语文的思与诗
干国祥　著

出 版 人　刘迪才
策划统筹　文龙玉
责任编辑　章勤璐
助理编辑　周冬辉
营销编辑　俞方远
书籍设计　石绍康
责任监印　黄菲菲

出版发行　漓江出版社有限公司
社址　广西桂林市南环路 22 号
邮编　541002
发行电话　010-65699511　0773-2583322
传真　010-85891290　0773-2582200
邮购热线　0773-2582200
网址　www.lijiangbooks.com
微信公众号　lijiangpress

印制　天津嘉恒印务有限公司
开本　710 mm × 960 mm　1/16
印张　17
字数　250 千字
版次　2023 年 1 月第 1 版
印次　2023 年 1 月第 1 次印刷
书号　ISBN 978-7-5407-9351-7
定价　49.80 元

目录

第二辑　文字的味道

第三辑　三思而后教

自序：我与深度语文

说自己"爱上语文"，这恐怕是自欺欺人。因为17年来，"厌倦"与"憎恨"的味道，倒比"爱"要更浓一些。也许直接说成我跟语文不共戴天、誓不两立而纠缠至今，虽然夸张了些，但也比说"我爱上了语文"要更准确一些。

不知为什么，我的一生充满了不确定性。这些不确定的因素，让我莫名其妙地走上了语文教学的道路，让一个没有语言天赋的人成了一名语文教师，而且是有点薄名的语文教师。

我小时候无志于学，仗着数理化成绩较好，在英语与语文两科不及格的情况下，考入了普通师范。师范里明显重文轻理，而比语文更受人欢迎的是小三科：音、体、美。当时我的兴趣也主要是在绘画、乐器与制作动植物标本上。只是青春与诗很近，或者说诗本身就是青春的一场流行病。所以，从某个夏天起每天背大量的唐诗宋词，直到青春从躯体内慢慢消失殆尽，这诗的疾病才渐渐痊愈。这时候，我已经在会稽山区的某所小型的初中教书，孤独与疾病，慢慢地把我从诗歌驱逐到哲学与宗教，后来，还有麻将与纸牌，电视游戏与酒精。

1988年夏天我普师毕业分配到上虞市长塘乡小。因为小学需要一名数学老师，而我当时更愿意教语文，所以校长就推荐我到了长塘中学，那里正好还缺一位语文教师。

我走进中学校门的时候（其实那个中学根本没有围墙，更不要说门了），我快满十八岁。当时的学校谈不上什么教研，大家各扫门前雪，领导只关心期中考与期末考的成绩，然而如果考得不好也不会怎么恫吓人，因为教师们忙着"下海"还来不及，哪里还会有人赶人去"下海"的。

趁着这样的大好时光，我美美地谈了几年恋爱，也囫囵吞枣地啃了一些书。当时最喜欢的，是尼采与庄子，帮我走近他们的，是赵鑫珊的一本小书，叫《哲学与当代世界》。一个十八九岁的青年，为了打发孤独而啃一些神秘的文字，而这些文字像是种子又像是潜伏的病毒，总会在某一天萌芽，占据寄主的躯体。

我就这样一天天一年年地混着，工资不高——很不高，工作不累——很不累。喜怒哀乐，全因语文以外的事情，与语文无关。在语文教学上，我基本不批作业，不出试卷，不备教案，反正读了一些书，走上讲台时要让学生喜欢听是一件并不难的事，至于听了是否有效与有用，我当时根本没有能够想到这些。

就这样，一直混到1994年秋天，我生了一场莫名其妙的病，医生说是骨质增生，便住进了医院。住院的滋味很好，不用上班，没有吵闹也没有作业。同室病友鲁振东与鲁迅母亲有亲戚关系，以前与我又互知姓名，所以就成了忘年交。他见识极广，交游又宽，让我颇有"病房乐，不思教"之感。

但某一天，许多学生相约了赶到县城来看我，还带来了礼物与书信。从那些多少有些随意潦草的信里，我知道，学生们喜欢我的课，自由，活泼，有思想的冲击力，虽然我教书不太认真，对他们的要求太不严格，但他们还是盼望我能早日回去。

那一刻，我才知道，我也许有混的自由，但必须对得起这些多少有些天真的孩子。

深度语文的思与诗 ⅠⅠⅠ

严格地说，我的教育生涯从那一个秋天开始。而语文教学生涯，则还是很久以后的事。

提前出院后，我便将这一生交付给了教育。以后所有的悲喜，都与这偶然的一场病有关。

在学校中，最重要、最辛苦、领导与学生眼中地位最高的是班主任，我矢志于教育，第一个自我超越的方向，正是班主任工作。

我在班主任工作上，是下了一番大功夫的，也在那里有了许多"突破"。我带着学生们种花种草，爬山远游；我率先在当地提出杜绝体罚的自我约束（也许在今天看来多少有些好笑，但当时打碎竹鞭的事情，在我身边屡屡发生）；我们抢文明红旗，更杜绝恶性竞争；我们在体育、卫生、纪律、成绩各方面，经过漫长的修炼，终于无可挑剔地获得了全面第一……

可以说，我在班级管理上，学的是魏书生，班级德育，多少带有些自然主义的味道。而当时的语文教学，我仍然是不自觉的，一半是借鉴了魏书生的知识树，后来又吸收了《学习的革命》中的一些方法。当时的考试主要是记忆的考试，即使是阅读题，也是教参知识的搬用。我吃过几次亏后，索性"复印"教参给学生，成绩立刻有了上升。在这样的背景下，任何语文的探索都是自找没趣，成功的可能性可以说是没有。

教书这么多年，我完整地从初一带到初三的学生有三届。第一届学生天资与基础都特别优秀，也正是他们，让我在病房里改头换面，开始真正地投身于教育。但我基本上没有教给他们什么，一来当时的时机不成熟，二来我自己确实没有准备好。第二届学生是我当班主任时的试验场，在德育与管理上，这一届学生让我大获成功，在学校中的地位也直线上升。但是，他们的语文考分虽然比第一届还高，真正的语文能力却很弱，他们掌握的，是一堆书本知识和一套有效的应试方法。

第三届学生，正是我痛苦反思之后决意进行语文改革的"牺牲品"——

如果没有恰好逢上沈江峰老师主持的绍兴语文中考改革，我想他们还真可能只是纯粹的牺牲品。

大阅读，频繁地演讲、论辩，听音乐，看电视与电影，写作会……上课，也尽可能地减少知识的传授，增加思辨、讨论的时间。

这一切，现在看来都已经非常简单，但在当时却非常困难。校长秘密地委派心腹找我的学生谈话，告诫他们这样学语文是走火入魔；班主任多次委婉地与我商量，是不是可以减少阅读量，或者暗示有几个学生越来越有个性，老师们已经说服不了他们了——只因为我当时是学校中层领导，又在十来年教育中树立了自己的威望，所以校长才不敢当面批评，班主任也只能充分地尊重我的意见。

我一直在一个人口在一万左右的小乡镇教书，天资较高又较富裕的学生，大多早已经转到了县城的中学或者镇中。每一次，当我把一个普通话极不标准、语句不通的乡里学生培养到能在市级讲故事、演讲、论辩比赛中获奖，都需要付出外人难以想象的代价。

可能也正是在这重重困境中艰难地发展，才让我更真切地体会到了教育的乐趣。我甚至说，每一次带学生，就像是开始一次恋爱，当他们离我而去的时候，那感觉真有些失恋一般的惆怅。

我们相互在对方的生活中书写着自己的名字。他们让我在离开讲台许多年后，能够面对不同年龄的学生就像是面对相处很久的朋友：生活总是在重复，又总是在变化，每一个新面对的学生，他总是以前某几个的复合，而他还会在以后的学生中以新的方式出现。我让他们在离开我之后，很难再找到一个满意的语文老师，他们会想起我的课——虽然那时候，我确实没有真正地研究过课堂，也还没有参加诸如优质课之类的比赛。

那一时间的语文教育，我抓住了"活动、生活、写作、阅读、思辨"这几个关键词。相对来说，我很不在乎课堂的结构，也根本不去考虑表演、精彩之类的词语。师生在一起相处久了，那样的课反而会让人毛骨悚然。我平平常常进去，平平常常开局，平平常常提问，但只要有了问题，学生有了各自不同的见解，课堂就会渐渐精彩起来。有时候，课堂上唇枪舌剑，烽烟四起，那份精彩绝不是我在备课时能够考虑到的；有时候，课堂从容平常，只是彼此相安，而即使是平常，一天中也盼望着师生能够在课堂上见个面，说几句话。

这种精彩是相对的精彩，是面对具体的学生，在讨论中擦出思维的火花时的那种精彩。也就是说，这是一种发展的精彩，无论这个角色如何平常，但当他处于一出戏的中心，说出他最重要的台词，这就是属于他的真正的精彩。只是这种精彩相对于城市基础好的学生，相对于后来我在重点中学遇到的那些精英学生，如果写成课例，也许有人会说，这根本没有什么，甚至会有人直言，这也配叫精彩？

那时候，我开始外出听课，每每在重点中学听到学生的提问与答问远远比任课教师深刻的情景。那时候，我虽然钟爱自己的学生，但确实也感到了失落。同时我也会为那些精英学生感到遗憾，因为即便如此，他们在这堂课上，也仍然可以说是几无所得，课堂前后没有形成情知上的变化——他们只是把课外偶然所得的智慧，偶然地移用到了课堂上，而其结果往往是遭到老师的曲解乃至否定。

在我憧憬"假如给我一群最优秀的学生"的时候，我却由于此届学生的成功，从此被"剥夺"了从初一带到初三的机会。也就是说，我将再也没有从容规划一个课程，让学生慢慢地在课程中成长的机会。我被动地担任了学校的中层，长期停留在初三的岗位上——更重要的是，初三换任课教师的班级，往往是在某些方面出了较大问题的。然而我仍然不愿意放弃刚刚发现的创造教学的快乐，仍然带着初三即将面临中考的学生出作文集、开展论辩赛和歌咏会——这时候，我已经能够将我的影响从原先的一个班级扩大到一个年级，在某些时候，是一个学校。

有些事情，是语文以外的，但是，它们却比语文更重要，有时还正是它们决定了我与语文的命运——譬如1994年的那场病，譬如我担任学校教导主任以及我的辞职。和我的一些只喜欢学术的朋友不同，我辞职并不是因为教导主任这个职务没有学术而心生厌倦。恰恰相反，我心底里一直有一个帕夫雷什中学之梦。在我担任学校行政职务的那两年里，我几乎将整个生命放在了那里，从种植每一棵花草，到处理每一件浮出水面的教育事故，我无不是苦在其中乐在其中。只是，学校人员的风云变幻，让我明白做这一切都只是空中楼阁，而如果我坚守"不送礼"的原则，我的帕夫雷什之梦也就永远只能寄托在某个英明的校长身上。

那么就下来吧，至少在我的班级里，还能寄存一点比较纯粹的梦想。

在此之前，我一直从心底里轻视公开课与论文这些为大家所热衷的东西，我视前者为排演与表演，视后者为抄袭与杜撰。但是，发现管理改变教育之路行不通之后，我也必须现实地考虑一下自己的"下半生"的命运了。

想通之后，一切也就容易。后来我参加了上虞市（2013年上虞撤市设区）的优质课比赛，获得了一等奖；再参加绍兴市的同一赛事，又获得了一等奖。另外论文、设计、下水作文、论坛交锋也在县市频频获奖，且基本上都是一等奖。

说实在的，这些奖无非是一个迷茫中的人能够捞到的救命稻草，它们并不管用，但至少能够安慰一下自己，让自己在茫然中一次次体会到"捞到稻草"的快乐。

上公开课对我的语文教育思想有什么影响？或者说，我的公开课是不是我的教育思想的真实体现？我似乎必须正视这个问题。

我的普通话很不好，字也写得潦草马虎，所以一手好字一口标准音这些起码的要求我都无法做到，我想要像人家那样表演，恐怕也只留个笑柄罢了。所以如我在《公开课的七种武器》中所写的那样，我的课正是充分地发挥了我个人的一些特长，譬如思辨，譬如开放课堂让它生成意外，譬如深度解读结合自由对话，等等。

在此之前，这些要素作为有机的碎片偶然性地出现在我的课堂上，而为了公开课，我有意识地将这些碎片结合在一起，直到它们的效果能够让人遗忘我的普通话与板书，遗忘没有设计过的讲话所必然带来的粗陋。

其实在那个时候，一切的雏形都已经存在了，只是后来有了许多新的名词与术语：解读与对话、预设与生成、平等中的首席。

一方面，应试的语文教育在继续进行，我无非是能够往这个僵死的教育中掺杂进一点点批判的东西与灵魂的东西；另一方面，新的梦想在心底悄悄成形，而且这个梦想渐渐地膨胀，我知道，它将出土，长成另一棵树，直到我无法将之砍刈。

我最初的打算是到春晖中学去，能够在白马湖畔，在朱自清们踩过的泥土上度过余生，也不失为一件诗意的事。虽然明知春晖早已经不是当年的春晖，但心里毕竟还留有一个微妙的情结。

但这时候我已经开始上网，网络世界就像是一个巨大的乌托邦，让我早已经熄灭的帕夫雷什之梦重新燃起。在朋友们的鼓动下，我到了一个朋友主持管理的私立学校，品尝了一年有意思的私立学校的教师生活。

精英荟萃的学校，却无法组建有深度的教研，因为大家都在奔，都在跑。而一切的中心，是管理，管理一群不想如此拘束地活在这个世界上的孩子。一群疲惫不堪的教师，时时提防着一群精力过剩的孩子，防他们作弊，防他们抄袭，防他们上课伏在桌上，防他们接吻与怀孕……

然而无论怎么说，这一年的收获仍然是无比巨大的，仅仅是这一份经历，也已经是一笔难得的财富，何况能不时接触贺学根、姜广平、李尚飞、程东文、桂维诚、蒋保华、赵永红、刘德福等语文兄弟。至于在E家咖啡里大摆教育龙门阵，更是疲惫生活中最值得留恋与回忆的事了。

这是我教过的基础最好的学生，我开始带着他们大量地阅读，大量地写作。然而这也是我教过的最厌倦最疲惫的学生，他们的优秀，是以付出兴趣为代价的。我与学生们相处得还不错，只不过这种不错往往是要付出双重代价的：在学生那里花费大量的时间，而学校管理层与家长却并不赞同这种近乎"纵容"的教育。以前在老家，每一年初一，我根本不考虑这些，因为我深知这样做的效果会在初二初三明显地体现出来，对所有怀疑我会一笑了之。但是在私立学校，你不能不做一些痛苦的妥协，干一些急功近利但遗毒无穷的事情。譬如从小学一年级就开始的月考和排名，几乎没有任何自由时间的全天候时间表，对每一处错误小心翼翼地防范而不是让学生从错误中学习……

这一切不是哪个人的错，而是整个中国教育必须付出的代价与必然要走过的历史。

第一学期快结束时，我陆续遇到了范美忠、郭初阳和阿啃，还有梁卫星、苏祖祥、泥土、王雷等兄弟，看到了严凌君的《青春读书课》，读到了《后现代课程观》等教育著作，他们带着强烈的倾向，动摇了我的一些旧观念。我开始认识到，我十多年前偶然阅读的诸子百家和西方哲学，不仅与教育直接有关，而且还可以以某种变通的方式，直接地引入到语文教育。

于是有了《丑小鸭》这一课的后现代式的尝试，有了《斑羚飞渡》的道德思辨与互文性阅读，有了《成为课程开发者》的雄心。

我知道，为了理想，我需要更长的等待与忍耐，需要更长时间的阅读和思考。再加上生活中其他的原因，就促成了我离开教学第一线，远赴成都，进了《教师之友》杂志社。

《死亡诗社》有个意味深长的镜头，文学教师基丁要求学生们站到讲台桌上，用另一视角，来看看这个世界。虽然《教师之友》不久后便被迫转刊，但是这一段编辑生涯，却使我获得了一个相当于站在讲台桌上看教育的经历。

教育文章的背后究竟是什么？课堂实录里有着怎样的秘密？编辑的目的是让一篇文章更漂亮，还是另有其他的目的？我们的教师目前处于一个怎样的状态？他们在阅读什么、思考什么？

另一个重要的经历，是我认识了一群来自世界各地的华德福人，并且后来还将家搬离城中心，几乎和他们生活在一起。正是华德福，让我开始思考如下问题：

全国人类学背景下的教育是否可能？教育是不是可能再回到一个完整的人？分科教育是不是将一个教育分家，各守住自己的疆域？后现代背景下的教育和人智学理念下的华德福教育存在着哪些差异？

一个新的问题就是一个新的视角，加上大量的心理学、教育学和哲学阅读，在不到一年的时间里，我不敢说已经领悟了教育的真谛，但是，我确实明白自己的这一番经历，已经赋予我对教育的特别的理解，即便这种理解在短时间内还无法诉诸文字和语言。

《教师之友》在 2005 年来临之前，被转到了四川省教育科学研究所，我随刊过去做"走进课堂""德育平台"两个栏目的编辑。虽然编辑的页码比较多，但有一定的空间，后来又争取到了一些自由的时间，也就在那种并不适合我的体制内生存了下来。但是，作为一个暧昧的附属单位，我总不明白它到底想做什么，我又在其中能够做些什么。似乎谁都有雄心，但就是找不到理想；似乎谁都很负责，但就是没有人对教育负责。所以，我确实是在这个体制外，与许多朋友保持着更为紧密的联系，譬如我在"中国教师用书网"开辟"海拔五千"语文论坛（就是后来的"深度语文"），却一直没有真正打理教科所希望我打理的那个论坛——因为最初领导同志找我谈关于论坛的事让我非常恐慌，在那样的背景下，我认为是不可能做一个真正的论坛的。这种"错位"让单位很恼火，而我又向单位提出需要更大的自由与空间。结果是只能再次分道扬镳，大家各自打着"为教育"的旗号，用不同的方式去演绎它。至于官方单位都会有的官僚与不公正，我想与此无关，那是属于整个中国体制的事。

也就是说，在相当长的一段时间内，我与语文的关联，只是因为"海拔五千"语文论坛（"深度语文"论坛）的存在。直到"深度语文"在徐中华与铁皮鼓等兄弟的支持下，渐渐地扎下根来，从论坛战国的烽烟中明确了自己的定位，我才开始尝试着重新走进课堂。这一次，不再仅仅是初中课堂，我还走进了小学课堂，上《龟兔赛跑》《和氏献璧》《鹬蚌相争》，还走进了高中课堂，上《面朝大海，春暖花开》。

然后，在一些对话与争论中，我渐渐地明确了自己此后的行动方向：带着摄像机走进课堂，从小学到高中，将镜头对准学生。用镜头记下场景，用笔记下感受。

再然后呢，身边的书店里有着海量的国内外教育著作，自己的藏书柜里列着海量的哲学、心理学、美学著作，这些是我要阅读的。我仍然不会像个研究者一样只读哪一类书籍，全面人类学是我永远的梦想——尽管它永远不可能企及。

同时，我会从小学一直到高中进行"理解—透视课堂"的研究，运用那个全面人类学的雏形，透视课堂这一空间，理解课堂上师生的行为与心理。在理解的同时，我会自己试着去上课，研究性的课，也许观赏性不强，但每一次，都会试图有一小点的突破。

如果灵感还会回来，也许，接下来的生活中我还会拥有一些文字，它们会成为我的第三本书、第四本书，直到灵感不再光顾，我将顺从地静坐在昔日的沧桑与荣光里，等待命运的下一步安排。

第一辑

思辨与诗意共融

青春赠礼
——从明天起，做一个幸福的人

面朝大海，春暖花开

海 子

从明天起，做一个幸福的人

喂马，劈柴，周游世界

从明天起，关心粮食和蔬菜

我有一所房子，面朝大海，春暖花开

从明天起，和每一个亲人通信

告诉他们我的幸福

那幸福的闪电告诉我的

我将告诉每一个人

给每一条河每一座山取一个温暖的名字

陌生人，我也为你祝福

愿你有一个灿烂的前程

愿你有情人终成眷属

愿你在尘世获得幸福

我只愿面朝大海，春暖花开

第一次上《面朝大海，春暖花开》一课，大概是在 2004 年。在夏昆的班，和范美忠同题授课，当时李镇西、魏智渊都在那所学校。

我和美忠对海子都属于"情有独钟""深有共鸣"的异类。当然，基于我俩存在的差异，两人解读的路径和结果并不一致。

然而，我们在课堂上都遇到了一样的困境：已是高二的学生，居然对这首诗全无感觉。那时，刚接班不久的夏昆，还不是后来获得央视《中国诗词大会》冠军、不断著书演讲的那个夏昆。

对此，我采取了无限降低起点，不断和学生对话，诱导学生尽力有所领会的方法——学生在课堂前后的领会，显然是有明显落差的，但最终不可能抵达我的预期。美忠则采取了不顾一切、滔滔讲述的方式，哪怕学生此刻完全懵懂，未来若重新翻阅课堂实录，翻阅美忠喷涌的语言，也一定是会大有所得的，而且是极其珍贵的青春记忆。

无论如何，那堂课只呈现了我展开对话的能力，但没有把我的另一面，即作为一个稍有名气的文本解读者的功夫，呈现出来。

后来我把这首诗收入了小学六年级的晨诵课①，作为"毕业赠礼"单元的其中一首，稍稍加了点提示性的导读——毕竟，什么都揭示了，不仅剥夺了学生自己领悟的机会，而且限制了他们自己去解读的自由。

于是这首诗依然是老师们的"难题"：看似很明白，却仿佛什么也讲不出来。

前几天，晨山学校双语部永无岛教室②的老师邀请我去讲这首诗，我答应了。不料随后一系列工作上的重大变故、竭力补救，几次都被提醒又转眼忘了这件事。直到昨天晚上，疲惫不堪中，又被提醒第二天有这堂晨诵课。

---

① "晨诵""午读""暮省"是干国祥老师倡导的一种回归朴素的儿童阅读方式。其中的"晨诵"不只是清晨读一首诗词，一段文，还是一种仪式，是一种师生共同穿越诗歌、丰盈生命、开启新的一天的生命仪式；不是传统的语文课，不提倡做过多的分析讲解，反对死记硬背。

② 晨山学校是于2014年初创办的一所寄宿制私立国际学校，其双语部成立于2016年。"永无岛"是对班级的命名，灵感来自英国作家詹姆斯·巴里的小说《彼得·潘》里的海岛，暗喻孩子们在这个班级无忧无虑。

于是打开诗歌，熟悉的感觉潮水般涌来，让人一会儿寒冷，一会儿温暖。我们一生都在理解那些伟大的诗，解读不在百度上，而在我们自己的灵魂深处。

因为老师的失误，学生上课前居然没有接触到诗歌，也就是说，这是他们平生第一次遭遇这首诗。

两分钟默读揣摩，我请他们用声音表达出此刻的理解：清澈，明亮，很有感觉。近两年晨诵的时间，果然没有白白浪费。

然后，我用标准的绍兴版普通话，把自己的理解适度注入诗歌，也朗读了一遍。再请他们朗读，味道已有所不同。——声音总是诠释性的，与普通话的标准无关，与理解者、朗读者的生命理解和表现感染有关。

我：这首诗的关键词是哪一个？

稍一迟疑，大家都指向了"幸福"这个高频出现、特别亮眼的词。

我：诗歌中写了哪几种幸福？

毕竟是刚刚接触这首诗不久，这个问题有点难。在几次变换着形式的点拨下，在要求区分自己幸福和别人幸福的引导下，他们首先找到了"陌生人的尘世幸福"：

> 陌生人，我也为你祝福
>
> 愿你有一个灿烂的前程
>
> 愿你有情人终成眷属
>
> 愿你在尘世获得幸福

谁是陌生人？这是一种怎样的幸福？作者自己想要这种幸福吗？

是的，今天我们和父母还不是陌生人，但随着年岁增长，随着我们对世界和人生有了自己坚定不移的看法，那么我们和父母就有可能从最熟悉的人成为相互陌生的人。一个男生补充说："形同陌路。"更一般的说法，是代沟。

陌生人不可能是从来没有关系、在心里都没留下过痕迹的芸芸众生，它总意味着关系改变的结果：由原本陌生，通过交流，譬如这首诗歌，而相互熟悉；由原本熟悉，甚至热恋，因为对幸福的理解不再相同，渐渐成为熟悉的陌生人。

也许诗人写诗的时候，心中有个明确的有名有姓的"陌生人"，譬如分手的恋人，譬如没有共同语言的同事，但我们阅读诗歌不必做这样幼稚可笑的还原。我们可以代入我们自己的陌生人，而聆听诗歌时，则可以理解为诗歌中的诗人，潜在的一切已经陌生、正通向陌生的人，譬如所有还未真正理解这首诗的读者。

陌生人们的幸福，就是尘世宣扬着的幸福，我们其实都清楚眼下"灿烂的前程"的流行含义：考上名高中，考上名大学，找到同样是成功者的爱人，在一线城市买下每平方米数十万的学区房，在知名大公司拥有股份……

诗歌特别提到了爱情，即"愿你有情人终成眷属"。因为物质的满足之后，人们需要高品质的精神生活，灰姑娘需要找到白马王子，英雄需要美人相伴。只有这样，人们才能从此过上幸福的生活。

那么什么是诗人自己领悟到的幸福呢？现在学生已经不难找到，那是与尘世幸福相对的，诗人此刻领悟到的幸福：

> 从明天起，做一个幸福的人
> 喂马，劈柴，周游世界
> 从明天起，关心粮食和蔬菜
> 我有一所房子，面朝大海，春暖花开

我：这种幸福有什么样的特质？

生：简单，朴素……

我：是的，简朴生活，但还没涉及本质。

有人说，自由。

对，自由！尘世的幸福是外在标准规定的幸福，生命需要扭曲了自己去迎合标准。能适应标准的，会觉得这真的就是幸福；不能适应标准的，会感觉自己被异化，被压抑，不自由。所以他要放下世俗的、传统的标准，寻找一种干干净净的、只属于自己个人的幸福感。

这所"面朝大海"的房子，没有房产证，也标不清房价，它只不过面朝着大海或者青山，春天来临的时候，周围开满了鲜花。在课堂上我没有讲下面这些话，在文章里补充几句吧：现在很盛行的民宿，潜存着人们瓦尔登湖式的安慰和梦想，但它同样被客人们的虚荣扭曲着，成为深山里、大海边另一种炫耀财富和身份的庸俗。他们念着"面朝大海，春暖花开"的诗句，而我们却嗅到了金钱堆砌的傲慢和浅薄。

这是诗人此刻领悟到的幸福，但它是诗人向往的幸福吗？这样的生活，我们许多同学的家长今天已经过上了，但显然，它并不是诗人本质上的幸福。

诗人的幸福，诗人在诗句里并没有做清晰的表述，但它毕竟不可抑止地暴露了出来：

> 从明天起，和每一个亲人通信
> 告诉他们我的幸福
> 那幸福的闪电告诉我的
> 我将告诉每一个人
> 给每一条河每一座山取一个温暖的名字

和每一个亲人通信，依然属于此刻领悟到的简朴生活、自由生活的幸福。但想把一种幸福告诉"每一个人"，这就不再是平凡人的幸福。

我：为什么这幸福由闪电来告知？

女生：因为这幸福就像闪电，来得很快，去得也快！

谁有资格和能力，把自己的声音告诉每一个人？不是皇帝，不是权威，而是诗人，是写下了"床前明月光"的诗人，是写下了"感时花溅泪"的诗人，是写下了"面朝大海，春暖花开"的诗人。

诗人并不安分于他简朴、自由生活的幸福，他骨子里依然想要向每一个人传达他精神上的感悟。而"给每一条河每一座山取一个温暖的名字"，最终完全暴露了诗人的心愿，诗人的本质，诗人的天命。

如果他没有完成这一使命，他不可能在每天的简单生活中获得恒久的幸福。

我：为什么要从"明天起"？

生（开始领悟）：今天才刚刚领悟，那么也就意味着昨天还没领悟！

我：没领悟到什么？

学生已经难以揣摩一个诗人的心境，他们只有朦胧的感觉，似乎那里潜藏着某种痛楚。

是的，幸福的闪电不仅仅是来得快、去得快，还意味着它突然划破存在，照亮了原本在黑暗中、痛苦中的诗人。它意味着今天之前，昨天，漫长过去里的漫长黑暗。

诗人的使命，是赋予世界以新感觉、新名字、新意义与新价值。

这也就意味着，在此之前，他完全不敢苟同尘世的幸福，他甚至会鄙视那种幸福、诅咒那种生活，他甚至可能会认为自己的使命就是唤醒世人，把世人从物欲中拯救出来，走向高冈，走向远方。

也就是，他可能与世界为敌：与热爱尘世的女友为敌，与在尘世中奋斗的同事为敌，与身边一切热衷于尘世价值的人和机构为敌。而世界对他的种种呼告，最有可能的回报只是三个字：神经病！

这样的黑暗与痛楚，会彻底地压垮一个人，让他疯狂，抑郁。如果他不能获得解脱，他就可能走上自我毁灭的道路。获救的道路，有选择信仰、研究佛经、阅读典籍……但任何一种这样个体生命的拯救，同时也就意味着诗人灵魂的消亡。

我：哪个词表达了诗人最终并不愿意苟同于尘世的幸福？

学生齐答："只愿！"

"只愿"二字，拉开了自由漂泊者的幸福与尘世幸福的距离，甚至重新回到了黑白对比、二元对立的状态。

其实哪怕用"也愿"，也依然只是表面上缓解了尘世幸福与自由漂泊、简朴栖居这二者的矛盾。因为在自由漂泊、简朴栖居的幸福背后，还有诗人此刻并未意识到的更沉重的债务：诗人的幸福，只能以无尽的痛苦为食，以漫长的痛苦为代价，获得刹那的片刻觉悟。然后，再度沉入那无边无际的、黑沉沉的孤独和痛苦。

诗解完了，我缓缓朗读了一遍自己写的助读：

有人说，这是一首最温暖的诗；有人说，这是一首最绝望的诗。

有人说，这是一个最善良的诗人；有人说，这是一个最痛苦的诗人。

想想凡·高的《向日葵》吧，那同样是一个绝望的画家为这个世界所画出的最热烈、最激情的画。

只有窥见过黑暗的灵魂，才能够感受到每一寸光与每一缕温暖的意义。

只有经历过内心的寒冷，才能够把幸福的来临，当成是闪电击中了自己。

只有善良的诗人，才想着为每一座山每一条河每一条街，重新起一个温暖的名字。

有时候，一个诗人就像一个负有特殊使命的人，他必须去完成这个据说是神灵给他的任务（否则为什么只有他才能做到呢）。于是，他不能太关心粮食和蔬菜，他只能祝别人有一个灿烂的前程，有情人终成眷属。

而他自己，"只愿"——不，是"只能"，他只能"面朝大海"，而不是这尘世。

面朝大海，春暖花开——这是诗人对未来世界的描绘：人们拥有了物质的幸福之后，终有一天，会在精神上获得同样的富足。

我告诉孩子们，这首诗写成两个月后，诗人卧轨自杀。从此每年的那一天，会有许多年轻的诗人和热爱诗歌的人，聚到一起，念起这首诗，献给作为诗人而不朽的海子——这一盏走丢了的灯。

　　最后，由孩子们回到干干净净的诗歌，再干干净净地朗读一遍。

　　我：作为老师，我尊重你们从三种幸福中选择任何一种，这是你们的自由；作为老师，我必须揭示这三种幸福的意义和可能的结局，这是我的责任。下课。

风雪夜归人
——《逢雪宿芙蓉山主人》课堂教学实录

2017 年 1 月 20 日，丙申猴年大寒，这是晨山学校双语部永无岛教室第一学期的最后一天——期末庆典的日子。预报说这天最低温度会到零下五摄氏度，但清晨只是风多了一些凉意，水未结冰，草儿青青依旧。早饭时朝霞灿烂，一切都预示了这是一个并不太寒冷的好天气。

1

早饭后，教室里没有响起平日的吉他声，因为在期末叙事①的内容中安排了吉他弹唱，为了保持神秘和新鲜，小飞侠②们暂停了晨间的弹唱。这一天早早响起的是悠扬的古筝声。

晨诵由干老师来上。八点不到，永无岛教室里已坐满了人。今天除

---

① 期末叙事，是干国祥老师设计的全人之美课程中的文化系统之一，即一间教室（一个班级）在每个学期结束时，回顾班集体这个学期的故事，每学期累积，成为童年与少年的传奇。它和"期末庆典——为每个生命颁奖"成为期末两个重要的仪式。

② 小飞侠，是童话经典《彼得·潘》中的主角，也就是彼得·潘，绰号小飞侠，也是永无岛的主人，是永远不会长大的孩子。因为教室命名为"永无岛"，所以同学就相应地被称为"彼得·潘"或者"小飞侠"。

了小飞侠们，还有赶来参加期末庆典的大飞侠们，以及结束了期末庆典的其他年级的老师们。

古筝声里，干老师端着一杯茶走了进来："学到今天，梅花诗中你最喜欢哪一首？"几个小飞侠答道："都喜欢，都挺好的。"干老师笑了，说："以后看见女孩子，问你喜欢哪一个，你说都挺好的，这是什么意思嘛！"这一下所有的人都笑了，课堂就从这样轻松的对话开始了。

干老师继续刚才的对话，问第一桌的凯同学喜欢哪一首梅花诗。凯同学犹豫着，这时有小飞侠小声提示《山园小梅》那首好。干老师马上说："一首诗喜不喜欢，不是因为这首诗好，而是因为什么？"在这样的追问下，所有的小飞侠都开始了思考。"你喜欢一首诗肯定是有个地方和你的心碰撞了一下，喜欢总是有原因的，所以不要听别人的答案。也许我该问的是：哪首诗打动了你？"这样的解释后，小飞侠们都明白了，教室里不再有提示的声音，多了思考的神情。

是啊，你喜欢哪一首呢？

婷同学说她最喜欢《早梅》，是因为那种提早开放的精神，这是个喜欢向前冲的孩子。馨同学说喜欢《山园小梅》，并解释了原因，他们都读过干老师写的《一生只够两句诗》。洪同学说他最喜欢"梅雪争春未肯降"，舒同学最喜欢《梅花绝句》，干老师从心理学的角度逐一给出幽默的解答，小飞侠们都乐了。对于舒同学喜欢"曾为梅花醉似泥"，干老师如是说：如果你热爱一项事务，就要爱得那么热烈。年轻的时候就要那么热热烈烈地爱一场，年少的时候对于某些事物就要痛痛快快地爱一场，山园小梅对小飞侠来说固然好，固然高，但总还是显得有点远了，这时候你会更喜欢浓烈一些——"曾为梅花醉似泥"，这个年龄是要沉醉，要疯狂，需要"何方可化身千亿，一树梅前一个我"这种美好的感觉。

小飞侠们静静地听着思索着，他们这个学期开始在吉他、街舞、素描的世界里遨游，每个孩子多多少少都找到了自己的热爱，这样的话语引起了他们深深的思考，所以他们的眼睛都是明亮的。

2

干老师话锋一转，古人的心情往往随着太阳，随着我们的大地在慢慢地变化。你们知道，一年四季当中，古人在哪一个季节写出的诗歌最多，哪一个季节最少吗？这一下小飞侠们被难住了，在场的每一个大飞侠和老师们也都在迟疑，到底哪个季节，每个人的眼神里都是不确定。

小飞侠们都在摇头，有声音迟迟疑疑地出来："春和秋吧？"干老师未置可否，只是继续追问："哪个季节又最少呢？"看到小飞侠们不确定的眼神，干老师直接说："毫无疑问，夏天的诗歌最少，秋天最多，春天第二，冬天第三。为什么会这样呢？因为季节和诗意是有关联的。"这一下大家都明白了。

那么一天当中何时诗歌最多？这下回答的声音肯定了很多——傍晚。其次呢？晚上和黎明。对的，中午最少。干老师肯定了大家的猜测。

诗意往往呈现出与某个季节吻合的特点。梅花，本来是开在早春，可是诗人要写的是一种黄昏清冷的感觉，给我们一种与生命节奏相吻合的感觉，我们要思考的是生命更喜欢哪个时段，所以在农历的天空下，我们要感受大地的温度，感受万物的灵性，同时，更要深刻地感受词语的温度和你的心灵在词语中的体会。

3

在二十四节气中，我们是从哪个节气开始的？孩子们一起说"冬至"。你认为应该从哪里开始？这里没有等学生答复，干老师直接解释其实是可以从任何一个节气开始。随后他用吃饭的圆桌哪里是主宾位置是中心来进行解释：就圆桌而言，哪里都可以是起点，并没有固定的中心。我们的二十四节气也是一样的道理，因为是一个圆，所以从哪里起始都是可以的。但因为太阳与地球的关系，总有些日子是不同的，我们的农历诗词从冬至开始是我们给出的一个时间。"那为什么是冬至呢？"干老师继续提问。

这个问题可是难不住小飞侠的，马上就有小飞侠接出来了："冬至是阴阳转换的日子，是由黑转白，也就是黑夜最长的一天，冬至过后白天开始要慢慢地变长了，与之相反的就是夏至。"就这样大家再次做了历法的回顾。

黑夜最长是冬至，与此相对的白天最长时就是夏至，这样就分成了两部分。"有白天最长白天最短，那肯定还有什么？"干老师问。

小飞侠们七嘴八舌地说："肯定还有一个平均的日子，一样长的。"于是春分、秋分就清晰了。

干老师在图上指出："如果按照地球绕太阳公转，也就是白天的长短，就应该这样划分春夏秋冬，可是我们的四季不是这样分的。为什么？"

"因为虽然白天最短，但还不是最冷的时候。"

"什么时候气温最低？"

小飞侠答大寒，干老师顺势提醒，是今天这一天。孩子们的眼睛都亮了。

就这样干老师将孩子们从古人那里引向了身边的生活。

"但是气象预报错了，不知出了什么差错。本来天气预报报的是零下五摄氏度。我兴冲冲地跑去看放在室外杯子里的水，应该都结冰了，可是一点冰都没有，这是偶然性的失误。"

大寒是大地感受到的最寒冷的日子，它是在冬至一个月后。与之相对应的，哪一个节气会是最热的时分——大暑，夏至之后的一个月，这个时候是大地到达了最热的时候。二十四节气的划分就这样清晰了。

有小飞侠提出质疑说那是黄河流域才会有的现象，干老师提醒同学们想一想在这里大寒是不是最冷的时候。同学们纷纷点头表示同意，那么这个规律在中国绝大部分地区都是适用的。

我们的几个节气都很有意思，干老师提示同学们想一想立春跟哪个日子总是联系到一起的。有家长小声说和春节。是的，立春和春节是联系到一起的，人感觉到了，大地最冷的时候要过去了，因此也可以说立春是人复苏的日子，人是最敏感的。那么雨水呢，就是植物复苏的日子；接下来是惊蛰，那就是小动物复苏的日子。

这样一提示，在场的所有人的眼睛都明亮了。哦，是这么一回事呢。二十四节气，每一个都有其独特的意味，我们的先人用不同的方式做了记录。

4

幻灯片中出示了这样的句子："我们的祖先日出而作，日落而息，敏锐地感受着物候的变化。春花、夏雨、秋风、冬雪，无不启发着他们的灵感。他们和大自然进行着思想的交流，留下了一首首伟大的诗歌。"

接下来小飞侠们一起复习读过的几首节气诗。白居易的《邯郸冬至夜思家》，杜甫的《小至》《至后》和祖咏的《终南望余雪》在同学们的声音中顺次出现。他们已经能够很好地理解诗句的意思，诵读声听来非常舒服贴切。

就这样从冬至、小寒（今年小寒恰逢腊八），直到大寒。幻灯片上出示了大寒的三候，干老师简单做了讲解，对不易理解的"水泽腹坚"重点做了提示。

水结冰了叫不叫腹坚，哪里是水的腹？这样一提问，同学们很快就反应过来了，水深处结冰了才叫水泽腹坚。古代，中原地区经常在冬天的时候受到北方游牧民族的侵袭，这是为什么？因为水泽腹坚，黄河结冰已到深处，故此可以在河上纵马而行。随即干老师就转到晨山此地物候，这里是连水的皮也没有结冰，"波"是水之皮。所以我们不能把古人记录的拿来就用，而是要用自己的眼睛去观察物候，用自己的身体去感受气候，用自己的灵魂感受宇宙在你所在的地方的脉动。

5

"刚才所说的物候都是外在，而我们是要进入到内在的。在这样的节气里，我们会想起哪些诗歌，哪些灵魂。所以老师们为大家选了刘长卿的《逢雪宿芙蓉山主人》。"这样的几句话，就把所有的注意力集中到了即将一起朗读的诗中。

此时大屏幕上出示了诗句，古筝的声音再次响起。

干老师范读，然后请同学们齐读。小飞侠们在节奏上把握得很好，但是很显然并没有理解诗歌。

干老师指着题目和作者，问："请小飞侠们看看这里出现了两个人，他们都是谁？"

小飞侠们先说出来的是诗人和"主人"，干老师告诉同学们要确切地说，应该是芙蓉山主人。

主人是个容易产生误解的词，干老师在这里特意追问："芙蓉山主人是不是说芙蓉山是他的？"

同学们七嘴八舌地回答，都不够准确。干老师引导着，对于诗人来说，芙蓉山的这户人家是他借宿的地方，对于刘长卿而言他们就是主人，至于人家姓字名谁是不知道的，所以称为芙蓉山主人。

明确了客人、主人后，干老师继续追问："题目这里还告诉了我们诗人为什么要借宿。为什么？"

有细心地小飞侠看明白了，"逢雪"，遇到下雪了。

继续追问："那么这说明刘长卿此刻在做什么？"

这一问，小飞侠们有些摸不到头绪，只猜测是下雪了。于是干老师引导着孩子们深入下去。

"他是在旅游吗？他是为了做客去的吗？还是为了写诗去的？"如此

一问，同学们又都笑了，都在摇头，肯定不是，那么是去干什么了呢？

这里干老师没有直接给出自己的答案，而是顺着学生们的回答，说："他为什么去了我们不知道，是吧？"

此刻，小飞侠们还在思考中，说："是啊，为什么而去呢？"

停顿片刻后，干老师说其实体会一下全诗你就会知道：诗人是在赶往回家的路上，是归人。当然不是归到这一家去，只是他在漫长的归途中。我们现在乘高铁飞机就回去了，但古人，只能走路或者骑马，往往要走数天数十天，实在是太漫长了。

诗人是在赶路。在赶路的过程中，天突然下雪了，诗人无法赶到前面的客栈，所以只能叩开一家的门，问："我能不能借宿一晚呢？"就是在这样的背景下，有了这么一首诗。

好，我们就带着这样最基本的理解再读一遍全诗。

"日暮苍山远……"小飞侠们一起朗读，后面的家长和老师们也跟着一起朗读，这一次声音里多了一些沧桑和凄凉。

6

接下来该走进这首诗的深处了。干老师如是说："每一首诗像一幅画，或像一部电影。电影是有镜头感的，我们看电影时总跟着某个人的眼睛作为镜头去观察。那么请问，这首诗是以谁的眼睛为镜头为视角来描写和观察的呢？"

这个问题问得很新颖，后面听课的家长和老师们开始沉思。小飞侠们则不假思索地回答："是从诗人的视角来看的。"

那么就从诗人的视角来看。干老师引导大家逐句来理解。

日暮苍山远——苍山是哪座山？是芙蓉山吗？这一追问，学生都能理解，回答："不是芙蓉山，是另外一座山。"

干老师肯定了学生的回答，确实有另外一座山，这座山就叫苍山。

我们想象一下，刘长卿就是从苍山这里经过，向着芙蓉山的方向前行，所以离苍山越来越远。

从刘长卿的角度来讲，"日暮苍山远"，天色渐黑，眼看快要下雪了，于是赶紧快马加鞭，估计诗人是骑着马或者驾着马车。他在赶路，要下雪了，赶紧走。

此刻，他向前看到了什么？

幻灯片中出示了"天寒白屋贫"。

馨儿说："看到了茅草屋，很破破烂烂的那种屋子。"

干老师笑着问："'白屋'小飞侠们都理解为穷人家。那白屋是什么意思？"

想同学说："下雪了，屋顶上看上去白白的，所以说白屋。"

这是理解上容易出现的偏差。

干老师直接告诉小飞侠，白屋不是说屋子是白的。白有两种意思，一种是下雪是白的，但这个是不确切的。白还可以表示没有装饰。白屋不是说白色的白，而是表示没有装饰的意思。也就是说这个屋子是肃静的，一无所有，空空的，就说是白。我们经常说的"空白"取的就是这个意思。这是一个没有什么装饰的空白的屋子，所以诗人在后面又用了一个词——"贫"，那你觉得这户人家可怜吗？有小飞侠在点头。

"那你喜欢这样的人家吗？喜欢的举手！"干老师如是问道。

所有的小飞侠没有一个举手的。大家都不喜欢这样的人家。

"这是刘长卿看到的——寒冷的冬天，飞扬的大雪下，一个看上去空荡荡的屋子。接下来发生了什么？"

"柴门闻犬吠。"

"诗人要去投宿，结果迎接他的是什么？"

小飞侠们纷纷说："是狗。"

"是狗迎接他吗？"干老师追问，然后给出否定的答复——不是。

"接下来又发生了什么？"

这一次同学们开始细想了，然后说："是主人出来了。"

"想象一下会发生什么？"

学生答不出来，此时干老师接着说："主人肯定会问客人要到哪里去，是做什么的，然后客人回答：'敝人姓刘名长卿，是个诗人，现在正在赶路……'那主人肯定是个读书的，一听说你是写诗的，马上就会请你进来，把老母鸡给杀了，倒上米酒，一起喝上两杯。所以这个时候就有了这个'风雪夜归人'。这是一种理解的角度。"

干老师做了一下总结，请学生带着这种感觉把这首诗再读一遍。

从刘长卿的角度来理解这首诗：

　　第一句"日暮苍山远"写的是诗人背离苍山，在暮色苍茫中向着芙蓉山前行。

　　第二句"天寒白屋贫"讲诗人来到了芙蓉山主人所住的房屋前，看到冬天的暮色和纷飞的白雪里，有着几间简陋的房屋。

　　第三四句"柴门闻犬吠，风雪夜归人"讲狗对自己的到来吠叫不休，惊动主人出来，问明原委之后，热情招呼诗人进屋。我们可以想象将可能会有"设酒杀鸡作食"，让诗人仿佛归到了自己家里。

这一次读"风雪夜归人"时，孩子们的声音传递出的是一种温暖而非凄凉了。

7

"现在酒也喝了，饭也吃了，身体也暖和了。那么，接下来做什么呢？"

学生中传来一个声音："该走了。"大家都笑了。

干老师问："能走吗？现在还在下雪，睡觉也还早。那么既然你是诗人，你怎么答谢我呢？你看见我穷，是不是给我些银两呢？"

学生又都笑了，有的在摇头。

干老师继续说："如果你给我些银两，我肯定会说，你这不是瞧不起我吗，我请你住下来请你喝酒，不是为了银子，而是为了什么？因为你是诗人哪，你怎么证明你是诗人呢？你给我写首诗行不行，怎么写？"

学生的眼光投向幻灯片上的诗，干老师指着幻灯片说："好，就这样写吧。请问这个时候这样写，写的是自己还是主人？"

小飞侠们纷纷说："都写了。"

干老师继续追问下去："应该写谁？"

小飞侠们还在坚持："都写。"

干老师继续追问下去："如果我要写一首诗，要答谢主人，应该怎么写，是不是该写主人怎么好客，请我吃了什么？"

这个问题小飞侠们理解了，反应过来说诗人没有这样写。

"是的，这说明诗人不是要往这条路上走，而是要恭维一下主人，说主人哪，像干老师一样是个高人呀。"

这一下一屋子的人都笑了。

8

停顿片刻，等大家笑声歇了，干老师接着问下去："那怎么是个高人呢？高在哪里呢？现在请你换个视角。刚才是诗人刘长卿的视角，现在镜头要变成芙蓉山主人的视角，再重新考虑下。"

"日暮苍山远"，是谁看到的？是主人看到的。主人此刻站在哪里看到的？肯定是柴门之外。站在柴门外，望远处，雪夜之中苍山远不远？

干老师朗诵起第一句"日暮苍山远"，这一下苍凉辽阔的意境一下子都出来了。

读毕，干老师马上问："苍山远了，城市远不远？"

受到刚才朗读的影响，学生回答得很大声："远。"

"城市里的雾霾和喧嚣远不远？"

学生们再次大声答道："远。"

干老师说那更远了。

那些烦心事，那些鸡零狗碎的事远不远，钩心斗角的事远不远？

远，很远。此刻，坐在后面的家长和老师都进入了深思。

干老师说："很远很远很远……"

干老师的声音也很远很远。

"那这个人高不高？"

学生异口同声地说："高。"

干老师意味深长地说，比站在晨山还高。

这一次再读"日暮苍山远"，家长的声音也高起来了，这一次，师生家长朗读的味道都出来了。

干老师说："够了，就这五个字就够了。古人写诗就这样，五个字，一个心境就起来了，一个气象就出来了。他不会问今天肉多少钱一斤，那就没味道了。诗歌就五个字——日暮苍山远，气象格局很大。现在随着主人一转身，看到了'天寒白屋贫'，家里一无所有，是不是很伤心啊？"

教室里所有的人都在思考。

此刻不需要孩子们回答，这时候需要老师直接回答。

"主人不会伤心，因为那些所谓有的东西都是什么啊？对有些生命来说，那些有的东西不重要，都是身外之物，都是多余之物。"

"你们知道中国诗人最大的偶像是谁？"这问题老师中有人明白，会心一笑，小飞侠们被难住了。

于是干老师这样引导，唐朝的诗人宋朝的诗人，都有一个偶像，杜甫有个偶像，王维有个偶像，刘长卿也有个偶像，他是……

这时候有个小飞侠喊起来——"干老师"，干老师追问了下："干老师？"这一下全场笑声一片。

在这些孩子心里干老师一定非常厉害，所以他才会认定，干老师是所有那些大诗人的偶像。现在反应过来的孩子赶紧补充——是未来的。

干老师给了孩子们一个提示"他姓陶",有学生喊了出来"陶渊明"。

是陶渊明。你们以后会读到一本书——《瓦尔登湖》,是美国人梭罗写的。干老师简单讲述了一下这本书,梭罗只带了一把斧头到瓦尔登湖,自己建木屋居住下来,什么都没有。你到了梭罗的屋子就知道什么是天寒白屋贫了。

"一方面你想追求一种干净的诗意的生活,一方面又贪恋着这个世界的东西,那能不能做得到?"

这是一个很深奥的问题,干老师结合他十几年前做公益时遇到的一件事来进一步解释。当时一个大学教授要跟着做公益,要去贫困地区,但要求解决抽水马桶的问题。如果解决了抽水马桶的问题,他就能去做公益。干老师说很好啊,这样的话就得需要水管,需要工人安装管道,最后你会发现要解决这个问题就需要建造一个城市,需要把一个城市搬到那里去。

这时大家又笑了,但是笑里含着思考。

干老师继续说:"你 A 也要,B 也要,结果会是什么?如果你想要一种干净的生活,你要做好准备,这个准备就是天寒白屋贫。现在我们的技术水平提高了,你不一定要吃苦。现代人已经有条件可以在山野过上很好的生活,但是在古代,做不到。这是一种心境的写照,这些东西都是身外之物,我可以不靠它们生活,就是这种心境——天寒白屋贫。

"可是,在苍茫的宇宙中,在一间单调的屋子里,这样的生活有意思吗?这样做的目的是什么,是为了什么?"

这问题问的不是孩子们,而是现场的所有大飞侠和老师们啊。

"你要逃避世间的喧嚣繁杂,可是这样就够了吗?不够。像陶渊明归隐到山林里,像干老师在晨山一样,总是等待着等待着⋯⋯等什么?"

此时,小飞侠们又一次异口同声地说:"在等待高人。"

干老师肯定了这个回答,是高人,是在等待着知音。一方面要躲开喧嚣的世界,另一方面这个柴门总是为某个人打开着。所以当柴门闻犬吠,狗叫的时候,谁来了呢?是隔壁的老张借盐来了吗?

小飞侠们笑了，肯定不是。

当柴门一打开，遇见一个陌生人，说他是诗人。于是就有了一场灵魂的偶遇。

此刻幻灯片中打出了这样的话：

重要的是诗歌本身，是诗歌里若隐若现地站立着的那个人物的影子。它由刘长卿的诗句，和我们的想象，以及一个漫长的文化传统所共同构筑，只存在于诗句之中，只存在于对诗句的吟诵之中：

日暮苍山远——连苍山都在视线中远去，更何况尘世的喧嚣。

天寒白屋贫——这是一种留恋清贫的思想，就像后世元代的山水画，不再迷恋宋徽宗式的美丽的花鸟，而偏爱那残山剩水，那清寒和清苦，仿佛只有在这样的洁净里，才有对生命真谛的凝思。

柴门闻犬吠——不是幡动，不是风动，乃是我的心动，因为安于寂寞的我啊，在刻意避开尘俗的背后，一直渴望着知音，希望有一天，能够有一双摩挲诗句的手，叩开我长年寂寂的柴门。

风雪夜归人——我们都是这逆旅中的归人啊。对漂泊的浪子而言，我这清贫的白屋既是温暖和食物的源泉，也是被想象美化了的精神居所。这风雪中的一盏灯火，点燃它的，不是油脂，而是一脉相传的诗意啊。

换个角度，从假想的芙蓉山主人来看，再读。

这一次同学们的声音真好，把大家都带入了那份苍凉高远。

干老师做了总结，古诗中每一个词语都是一种符号。苍山寒山意味着远离城市喧嚣的宁静，而日暮追求的不是繁盛的时光，贪恋的恰恰是将要衰落的时节，天寒白屋贫是留恋清贫的思想。宋徽宗的花鸟画很精美，年轻人肯定会很喜欢，可是我喜欢的是元朝时候的那种残山剩水，倪瓒的山水画，仿佛只有在这样的情况下才有对生命真谛的凝视，这叫作豪华落尽见真淳。在繁华中我们的生命被遮蔽了，当它们落下的时候才能够看清生命的本质。当然我们现在只需要把这样的追求放在心底就行了。

此刻我们要追求的是什么，是开花。我们喜欢这些但不必追求这些。如刚才所说，"柴门闻犬吠"，这是一个孤独的隐逸者跟外面世界的一种交互，也许是一种干扰，但也许是外面非常美妙的风，美妙的思想进入我们的时空。人不管怎样坚守自己的孤独，你总得留几扇窗户对外开放，在刻意避开尘世的背后总期待着有一双摩挲诗句的手叩开自己长年寂寂的柴门。

这几句话是转向所有的大飞侠和老师们讲的，是干老师的心声。

柴门、苍山、白屋、日暮还有寒天都是古代诗歌中已经成熟了的意象和词语，而诗人奉献了一个独一无二的意象，"风雪夜归人"。我们都是漫长人生旅途中的归人。

这时干老师转向了学生们："我们今天就要回家了，可是家在哪里呢？现在是有爸爸妈妈在的地方就是家，未来呢？有老婆孩子的地方就是家。"有笑声传来。

干老师继续追问："真的吗？未来呢？"这一次所有的人都沉默了，是的，未来呢，家在哪里呢？

人总是在寻找着一个精神的家园，因此刘长卿写"天寒白屋贫"，那一间白屋就成了我们精神的象征，我们总想去寻找这样一个坚强的居所，它既是温暖和食物的源泉，也是被想象了的被美化了的精神居所。这风雪中的一盏灯火，点燃它的不是游子，而是一脉相承的诗意，这是用诗句虚构出来一个极美的境界。

古筝声响起，最后，再一起读全诗。

这一次响起的是教室里所有人的声音："日暮苍山远，天寒白屋贫。柴门闻犬吠，风雪夜归人。"

是啊，这一天结束后，进入寒假，我们都要做"风雪夜归人"了。而晨山学校的"柴门"会一直打开着，等待着有缘的"风雪夜归人"。

过不完的《元日》
——《元日》课堂教学实录

　　这几天，一年级和二年级都在晨诵中上一首古诗《元日》，有得有失，也算是一个焦点。大家也都听过两节了，有些议论。于是，今天早晨，大家又去听干国祥老师上晨诵《元日》。

　　上课前，他在微博中写道："今日，准备到201班试着素上文徵明《除夕》和王安石《元日》，就是不用课件（因为没时间按我的意图做，就索性不如不用）。陈美丽说学生读儿歌兴致盎然，读古诗有点闷，我想探究是什么阻着他们。成败不必在意，重在探究问题并尽快解决。"

　　汤长春、李鑫义、我以及义工晓简、王琪、雷皓早早地进入教室准备听课，班主任陈美丽老师正在教室里辅导早读。而黑板上，早就抄写好了两首诗，一首是昨天早晨晨诵内容《除夕》，一首是今天早上要晨诵的《元日》：

除 夕
〔明〕文徵明

人家除夕正忙时，我自挑灯拣旧诗。

莫笑书生太迂腐，一年功事是文词。

元　日

〔宋〕王安石

爆竹声中一岁除，春风送暖入屠苏。

千门万户曈曈日，争把新桃换旧符。

快上课了，干老师端着茶杯，悠闲地踱了进来。

1

"同学们把书收起来，面向黑板。"

正在读书的孩子们纷纷抬起头，很快，大家的注意力就集中到了这个"新老师"身上。干老师笑眯眯地问："昨天，我们学了什么诗啊？"

"《除夕》！"

"我想听同学们把《除夕》背一遍。我要听听背得好不好，有没有把《除夕》的味道读出来。"

孩子们站起来，自觉地转过身，背对黑板，开始摇头晃脑地背起来。

有趣的是，背得一点不生硬，反而有意拖长某些句子。不少学生还轻微地将头摇动起来，很有味道。

"背得还不错。因为大家把一样东西背出来了。哪样东西呢？"干老师停顿了一下，然后继续说："迂腐。'迂腐'是什么呢？就是傻乎乎的读书人。傻乎乎的读书人就是摇头晃脑地读——"

说着，干老师便摇头晃脑地模仿起来："莫笑——书生——太——迂腐，一年——功事——是——文——词。"

孩子们全都笑起来了，与这位幽默"老头"的距离一下子拉近了许多。

"应该说背得不错，这首诗还能背得更好。为了背得更好，大家可以再理解。我写了一个字，很重要，这是啥字呢？你看它像什么？上面是什么？"

干老师手指着黑板上一个课前早就写好的金文"𥞉"①：
孩子们七嘴八舌地猜，终于有一个孩子喊了出来："稻苗！"

"太聪明了！"干老师表扬了他。"不过不是苗，而是谷穗成熟后低
下头来的样子。成熟了要怎么办？要割下来。下面有个人，背着沉甸甸
的禾谷。——其实下面这个字是'千'，表示很多。因此这个'年'就表
示收获很多。那么收获这么多，大家做什么？"

有孩子马上说："吃！"

"当然要吃。但吃饱了之后呢？"干老师估计孩子不懂这些，就开始
绘声绘色地说："吃饱了之后就要围着篝火跳舞。他们商量这个人今年耕
作得很好，那个耕作得不好，都要比一比，看谁的功劳最大！所以要计
算'一年功事'。"

"噢。"不少孩子这才明白"功事"的意思。

"一年下来，做得多的同学就要表扬，做得少的同学就要批评：某某
同学，你那天割稻的时候偷懒了！不过没关系，以后要努力啊！"干老
师的编织能力很强，总是不知不觉就将孩子们带入诗中。

"所以这个除夕，文徵明在做什么呢？"

有个孩子反应不错，说："把以前写过的诗拿过来看看，不好的扔掉，
好的留下来。"

"我们来看看，'除夕'这个词是什么意思？"

"就是过大年！"有孩子抢着说，显然说错了。

"我们再看看，'夕'是什么意思？"干老师没急于纠正。

"太阳！"不少孩子说。

"错了，'夕'是月亮。'夕'代表晚上。"

学生显得很惊讶，干老师指着黑板上陈老师写的今天的日历解释说：
"你们陈老师每天将日历写在黑板上，你们就知道今天是什么日子了。

---

① 即稻苗、谷穗之类。

那么古人怎么知道日历的？古人不知道，就把日历挂在这里，每天由这个同学上去撕掉一张，那个同学上去撕掉一张。每天撕掉一张。到了大年夜，怎么样？"

"还剩下一张。"大家说。

"所以'除'是剩下的意思，剩下的最后一个晚上。'除夕'就是一张张撕下来之后剩下的最后一个晚上。除了这一张以外，另外所有的日子都哪里去了？都过去了。所以这一天晚上叫除夕。"

学生恍然大悟。

"那么，除夕的晚上我们做些什么呢？我们再读一下。"

学生齐读《除夕》：

除 夕

〔明〕文徵明

人家除夕正忙时，我自挑灯拣旧诗。

莫笑书生太迂腐，一年功事是文词。

"好了，那么除夕这天晚上，大家都在做什么呢？"

孩子们七嘴八舌地说："包饺子，放烟花，看人家放鞭炮……"

干老师一挥手："反正要做的事很多，都在忙吃的，忙喝的，忙玩的，吃喝玩乐，现在还多了看电视。那么这个人在做什么？'挑灯拣旧诗'，这个'拣'说明什么？"

有孩子说："用手拣。"

干老师摇摇头："什么叫'拣旧诗'？就是把一年的作业放在桌子上——他的诗就像我们的写绘作业。嗯，这个不好，扔掉，这个好，留下来……一年过去了，他要把自己写的那些好的诗留下来，不好的扔掉。如果好的诗多，就说明一年收获很大。可能一年留下了二十多首，甚至七十多首、一百多首好诗。也可能，只有一首勉勉强强可以看一看——其实连这首也不好。如果连这一首诗都扔掉了，那么说明这一年白过了。"

干老师边说边表演，似乎真的在"拣旧诗"，孩子们则听得兴趣盎然。干老师接着说："对百姓来说，一年功事是粮食，对书生来说，是文词。那么，对你们呢？是学习，是读写绘，是作业。所以一年到头，我们可以说'一年功事是作业'。"

大家都笑了起来。

"我们再读一下，想想人家在忙吃的喝的玩的，你在做什么？在面对自己的作业。你回顾一年，这一年是高兴的，就读得高兴些，但如果你看着自己的作业都觉得很糟糕，你就读得沉重些。"

干老师一边绘声绘色地讲，一边模仿着读出或高兴或沉重的语气来：

莫笑书生太迂腐，一年功事是文词。

"我要听哪个同学是骄傲的，哪个同学是伤心的，都没关系，读——"

学生开始又一次齐读全诗：

除　夕
〔明〕文徵明

人家除夕正忙时，我自挑灯拣旧诗。

莫笑书生太迂腐，一年功事是文词。

但是那种参差不齐的感觉还没读出来。

"有一点，大家都读成文徵明了！除夕夜是谁在这样回想呢？"干老师看着大家，然后突然指着苏雪妮："是苏雪妮！'人家除夕正忙时，我自挑灯拣作业。莫笑书生太迂腐，一年功事是成绩！'"

学生都笑了，大概这时候也终于有些感觉了吧。读诗歌，总是要与自己的生命相关联，相兴发感动，这一点，这群孩子还要走多久的路才能意识到呢？

干老师继续问："最后一个晚上我们可以做两件事，一是吃吃喝喝，二是回顾这一年。过去的 365 天，我有多少收获呢？要回顾一下。那么，除夕之夜大家什么时候睡觉呢？"

"不睡觉。"有学生说。

"说得很好，除夕不睡觉，要等到午夜 12 点钟声一响，就表示什么？"

"睡觉了。"又有学生说。

"睡觉了？"

"放焰火！"好几个学生反应过来后说。

"为什么 12 点要放焰火呢？如果 12 点你把陈老师叫来，那么你要告诉她，现在是哪一年哪一月哪一日？"

学生们糊涂了，似乎也不知道。

"我写一下，"干老师在黑板上开始边写边说，"如果除夕是 2010 年 12 月 31 日，过了这个时间就成了 2011 年 1 月 1 日。12 点一过就意味着什么？新年来了，日历就要换了，这一天叫元日。"

"谁知道'元旦'是什么意思？"干老师问。

"元宵节。"有孩子说。

"元旦就是元宵节吗？"干老师摇摇头，开始在黑板上讲解，"我们看一下这个'元'字，这个'元'就是头，这个'旦'，表示太阳从地平线上升了起来，所以是早上。那么'元旦'是什么意思？就是头一个早上。那么'元日'呢？"

"新年的头一天！"这下子不少学生明白了。

"新年的头一天怎样呢？听干老师读一下。"

干老师顺理成章地导入了今天的晨诵。好漫长的导入啊！

2

干老师开始"摇头晃脑"地读了，用标准的绍兴普通话。他的普通话虽然并不是很好，但是往往能够"意到"，读得很有起伏很有感觉：

元 日

〔宋〕王安石

爆竹声中一岁除，春风送暖入屠苏。

千门万户曈曈日，争把新桃换旧符。

读完后，干老师让学生们跟着他再一句一句地读，从题目和作者读起。前两句多读了一遍，读到"春风送暖入屠苏"时，两遍的语气有意做了变化。

结果读完后两句，有孩子马上提出质疑："老师，写错了，读错了，不是'争把'，而是'总把'！"

干老师大概早就预料有孩子会这样说，"诡秘"地一笑，说："是我让陈老师改掉的。刚才的诗歌讲的是去年最后一天，但这首诗讲的是新年第一天。我等啊等啊等啊等……为了什么？我们算了一年（的收获）之后，是不是所有人都很高兴？"

"是！"

"不是。"干老师"苦"着脸，继续说，"2010年我很倒霉！我停车把人家车撞了，人家停车把我车撞了，我在院子里，车也被撞了……成绩不好，被陈老师骂了，我还生病了……"

学生笑得前仰后合。

"那么，你希望这旧的一年怎样？"

"把它赶走！"

"对，把它赶走。希望新的一年这些小妖小怪怎么样呢？不来干扰你！古时候认为这是小鬼捣乱的结果，要把这些小鬼除掉。所以，这个'除'，就又是除掉的意思。那么，用什么办法除掉呢？"

"用爆竹！"

"以前没有鞭炮的时候，人们就把山上的毛竹砍回家烧起来让它爆炸——"

干老师忽然停下来，看着不远处的一个女生说："杜星月，不要走神！"原来他一直在观察每一个孩子。"这叫'爆竹声中一岁除'，爆竹声中，那倒霉的一年，滚蛋了！"说完手一挥。

"好了，12点一到，新年就到了，赶紧去放鞭炮！把这一句读下：爆竹声中一岁除。"

学生们很快乐很用力地读："爆竹声中一岁除。"

"所以，这就是指爆竹声中旧岁除。除掉以后做什么呢？"干老师顿了顿，继续说，"除掉以后，按照习俗，一家人喝酒，都要喝一口酒。这个酒叫什么酒呢？叫屠苏酒。怎么喝？"

干老师用手摸了摸一个男生的头，说："你在家里最大还是最小？"

男生不好意思，没有回答。

"如果你是大儿子，有个小妹妹，那么顺序是，首先爷爷喝，其次奶奶喝，再次是爸爸、妈妈、你，最后是你的小妹妹。每个人根据自己的能力喝一口或几口。不过啊，我就觉得奇怪了，人家12点钟在家里，春风会吹到酒里去吗？你们家的门是关着的呀？就算没关，哪有春风？零下十多摄氏度的室外只有凛冽的寒风。"

这次，该听课的老师们笑了。鄂尔多斯的新年，确实有零下十多摄氏度甚至零下二十摄氏度的气温。

"这春风是哪里来的？先喝上几口。"干老师做出喝酒的样子。

一个学生叫道："喝了酒，肚子就热起来了！"

"对，你喝过酒，就知道。肚子里现在暖洋洋的，这就好像春天已经来了似的。我们读这句：春风送暖入屠苏。两句话连起来读——"

学生们一齐读："爆竹声中一岁除，春风送暖入屠苏。"

"喝完了酒，接下来做什么呢？"干老师问。

"不知道。"这帮学生可真老实。

干老师笑了："傻了，你喝了酒，接下来睡觉呗！呼噜呼噜，睡到什么时候？读：千门万户曈曈日。"

学生们跟着读了一遍。干老师继续讲："睡到这时候，你老爸叫了：

快起来，快起来！你起来一看，看到什么了？"

"曈曈日。"

"'曈曈日'就是明亮的太阳。太阳照在什么地方了？"

有孩子很可爱，回答："照在屁股上。"大概他父母经常这样催他起床。

"屁股上？你已经起床了，哪照得到屁股上？"

学生们哄笑起来。

"照在门户上。'门'就是'户'，现在太阳已经照耀着千家万户，照在他们的大门上，为什么没说照在屋顶上？因为大门上有点古怪。为什么？"

有孩子说："贴着福字，倒着贴的。"

有孩子说："贴着门神。"

"为什么要贴门神？"干老师追问，"刚才我们用爆竹已经把大鬼小鬼赶走了，那么现在怎么办？要贴新的门神。后来大多数人家都不贴门神了，改贴对联了。谁家过年贴过，举手？"

不少学生举起手来。

"谁能念出来，举手？"

有一个学生站起来，居然真的背出了自己家的春联：

> 天顺地顺百事顺
> 家和人和万事和
> 横批：吉星高照

干老师表扬了她，接着说："大家听明白了没有？会不会出门被汽车撞？不会，百事顺嘛。一家人吵不吵架？不会，人和嘛。再加上吉星高照，今年不会有坏事啦。现在是把——"

学生们一齐说："新桃换旧符！"

"大家注意，刚才是把'门''户'联系在一起，现在把新旧桃符连在一起。你家挂了对联，一年过去，到除夕夜它就变成旧的了，你们家明年还要贴新的。它旧了，过去的不灵，今年还是有可能要被车撞了，或把车撞了。所以今年还得用'新桃'把'旧符'换了，这时候一家就和睦了。"

这下学生们很容易就明白了。

"好，现在大家连起来读一下——"

孩子们开始大声朗读：

元　日

〔宋〕王安石

爆竹声中一岁除，春风送暖入屠苏。

千门万户瞳瞳日，争把新桃换旧符。

3

读完《元日》，干老师开始问了："你觉得这两个人（文徵明和王安石）一样吗？"

学生们有些迷惑了。（我们才二年级，怎么能想这么高深的问题。）

干老师换了一种问法，指着《元日》问："这个人喜欢过去的一年吗？"

"不喜欢！"

再指着《除夕》问："这个人喜欢过去的一年吗？"

"喜欢！"

"这种喜欢，我们称之为怀旧。那么，你喜欢过去的一年吗？"

孩子们七嘴八舌，有的说喜欢，有的说不喜欢。

"文徵明觉得好不好？"

"好！"

"王安石觉得好不好？"

"不好！"

"一个觉得过去好，所以怀旧，回顾'一年功事'；一个觉得过去不好，所以要'除'去。这是一个不同。还有一个不同，文徵明关心什么？关心自己的生活。'人家除夕正忙时，我自挑灯拣旧诗，'但王安石关心什么？"

"自己！"有孩子说。

"关心自己吗？你看太阳一出来他看的是什么？'千门万户曈曈日，争把新桃换旧符。'"孩子们也一起跟着读。"所以他关心每家每户。"

干老师接着追问："那么，你是关心自己，还是关心别人？这两首诗，你喜欢《除夕》，还是《元日》？"

不等回答，他又说："我们把这两首诗联系起来，就是'辞旧迎新'。如果我们今年很勤奋努力，成绩很好，今年就是值得留恋的。但未来，永远是值得我们怀念（口误，应为'向往'）的。好，现在我们把这两首诗连起来读一读！"

孩子们热情洋溢地齐读了两首诗。读的过程中，下课铃响了。

干老师最后说："回头自己去背熟这两首诗，下次说不定干老师还要过来检查一下，因为干老师辛辛苦苦地教了一早上，还要看看杜星月同学背熟了没有。"

干老师边说，边和善地看着杜星月。

原来，他一直没忘记这个孩子。

（干国祥执教，魏智渊整理）

2011 年 3 月 4 日星期五

磅礴万物以为一
——《北冥有鱼》课堂教学实录

教材：统编教材八年级下册语文第六单元

学生：郑州一中国际航空港实验学校学生

授课教师：干国祥

实录整理：马玲

1

"……突然又一个新的世界打开了，这就是经典。你可以一遍遍地去读它，永远会有新的意思生出来。《庄子》是这样，《论语》也是这样，《大学》《中庸》《道德经》《孟子》……这些经典都是这样。值得我们在每一阶段，用每一阶段的心灵、智慧去体验。"

郑州一中国际航空港实验学校的录播教室里，干国祥老师正分享有关经典阅读的经验给这些八年级的少年，因为他今天要讲的《北冥有鱼》这篇课文，网课期间孩子们都已经学过了，但恰恰这样的经典，是不应轻易就从孩子的心头滑过去的。正好干老师跟刘点点校长早已有对中学语文教学教研的约定，交谈中又正好聊到了庄子名作《逍遥游》，于是便有了这次的《北冥有鱼》教研课。

"趁这个机会，我们再来重温一下，看看这么小小的、简单的《北冥有鱼》，也就是《逍遥游》的第一部分会带给我们怎样的体验。"干老师的话题从同学们的知识经验和心理经验开始，他先从题目的区别说起，"大家肯定喜欢'逍遥游'这三个字，不太喜欢'北冥有鱼'这四个字，'逍遥游'多潇洒，一听就恨不得都变成'逍遥派门下'——'虚竹子'（金庸武侠小说《天龙八部》中的人物）。"

不过可能这些少年没有读过金庸先生的武侠小说，所以"逍遥派"和"虚竹子"的梗儿同学们并没有现出特别共鸣的神情出来，或者也可能少年们比较内敛深藏不露吧。

不过这都只是老师围绕着学习内容的话题展开，接下来干老师抛出的问题就令人琢磨了。

"课文内容大家熟悉了，我们直接跳过。你接受这样的理解吗？"大屏幕上赫然出现这样一个问题——

> 你接受这样的理解吗——
>
> 因为"冥"就是"溟"，就是大海，所以北溟就是北海，也就是渤海或大渤海（日本海），南溟就是南海。
>
> 鲲就是鲸鱼。
>
> ······

干老师居然用字源+科学实证的还原法，来了这样一番"解读"：

"'冥'就是三点水的'溟'，就是大海的意思，所以北冥就是北海啊。对中国来说，北海就在中国的北方，在当时——山东的北方，那就是渤海——现在黄河入海口的地方。但如果说中国的北方，那就是大渤海，也就是现在的日本海。同样，相对的南溟不就是南海吗？这样一来，鲲不就是鲸鱼吗？正好日本人又特别喜欢吃鲸鱼，对吧？所以'北冥有鱼'，不就是说日本海里有鲸鱼吗？"

貌似很有道理啊，所以学生不觉"对""对""对"应和着，但干老师话音一转——"你接受这样的解释吗？"

　　学生愣了，几十秒钟内没能反应，干老师笑了，说："挺有道理，是吧？（学生又点头。）但是我告诉你，这样的解释是错的。"说完，屏幕上的理解处出现了一个大大的"×"。为了让看实录的你印象深刻，再来现场图一张。

　　你接受这样的理解吗——

　　　　因为"冥"就是"溟"，就是大海，所以北溟就是北海，也就是渤海或大渤海（日本海），南溟就是南海。

　　　　鲲就是鲸鱼。

　　　　……

　　接着，干老师就从文章写作的角度来解释为何这样的理解是不对的："想象一下，庄周在写文章的时候，可能灵感的确来自听说的一种大鱼，但是不是鲸鱼呢？肯定不是。因为当时的中国还没有人能亲眼完整地看到过鲸鱼，最多也是听别人传说——在海上远远看到过一种巨大的怪物。所以按照今天的话来说，鲲的形象来自庄周对传说的一种'脑补'。但更重要的不是这个，而是庄周是不是在按照他听到的鲸鱼的样子写他的'鲲'？"

　　"不是。"同学们直觉反应。

　　"对，否则他就把这个鱼叫什么了？叫鲸——北冥有鲸。（同学们都情不自禁呵呵地笑了。）但很明显不是，所以这是庄周'造'出来的一个'鲲'，'造'出来的一个'鹏'。这就是说他得到了一个写作灵感，但是他并没有只停留在那个灵感上！所以这种还原法的解读——此路不通。"

　　干老师又解释说："我们对古代的经典，比如神话，需要有这种还原的想法，但千万不能以为一还原，我就已经知道了。不，你什么都不知道——你以为知道了恰恰说明你什么都不知道。为什么，因为它只是一个很皮毛的东西，它讲的其实不是这个。"

这段对话主要是干老师讲学生听，对于经典，对于这些八年级的少年，他期待着自己能够成为"经典与少年"之间的打火石，能够让经典与少年间摩擦碰撞出更多思维的火花。

所以，现在"不能简单地还原解读经典，那该往何处走，该怎么去理解呢？"就成为少年头脑中的一个真正的问题了。

第一排一个男生说："我觉得这完全是庄周构思出的另一个世界，应该往这方面想。"

"这话肯定对。这篇文章你们也已经学过了，你认为那是个怎样的世界？"不过干老师追问的时候，他就沉默了。

"谁来说说看？"集体沉默。

仿佛是料到这样的反应，幻灯片转换，出现了经典童话《丑小鸭》中的最后一句。

> 只要你是一只天鹅蛋，就算是生在养鸭场里也没有什么关系！

"只要你是一只天鹅蛋，就算是生在养鸭场里也没有什么关系！"学生齐声朗读后，干老师说："这句话的意思也就是说，如果你是一只野鸭蛋，那么你再努力，也只能是一只野鸭子。（学生大笑。）如果你是一只天鹅蛋，再怎么不努力也能长成白天鹅，是吧？"

"对。"字面上的理解好像的确是这样。

"那岂不是这个故事很糟糕！这个童话故事是不是就是告诉我们这个道理？"

学生当然知道不是，但那又是什么呢？学生又沉默了。

"当然不是了，这里用了象征这一表达手法，天鹅蛋、鸭蛋都有所象征，"干老师直接揭示后，又加重语气说，"象征什么？象征什么样的人？象征什么样的心？"

很遗憾，没有同学举手表达，干老师又重复了一遍问题，仍然没有同学要发表观点。

干老师再次拿生活做比喻："鸭子象征什么样的心？我每月领工资啦，买点小菜啦，弄套房子啦……生命就到此为止。这就是鸭子，是吧？"同学们点头赞同。

"那天鹅的心是什么？"

"志向高远。"

"哇——那么高，那么远，那么美，我也要成为那样的！我也要飞上去！我也要把头扎进水里，再伸出来！啊，多自由啊——这是天鹅蛋，象征着自由的心。只要你有这颗心，哪怕桌子的位置那么小，你也是自由的。对不对？所以这是一个象征。"用故事情节和眼前场景来介绍象征，就很好理解了。

"因此你能不能把天鹅蛋看成真的天鹅蛋，把鸭蛋看成真的鸭蛋，把北冥鲲看成北边有一只鲸鱼啊，那样的理解就错了，所以你要去领会它的象征。你要明白它象征着不同的心理导致了不同的人生。

"同样，我们这篇《北冥有鱼》也要用这样的方式体会它象征着什么。"

此时，用去 7 分钟。这是珍贵的 7 分钟，对经典的解读态度，对还原法解读的辩证思考，对《北冥有鱼》这篇具体的经典如何运用"象征"的方法去解读，都给同学们立下了一个既宽广又深厚的基础。

学问之基，学术之基。

2

学习方向和方法确定之后，干老师让同学们朗读课文第二段——

"《齐谐》者，志怪者也。《谐》之言曰：'鹏之徙于南冥也，水击三千里，抟扶摇而上者九万里，去以六月息者也。'"针对这一段，干老师的问题是：为什么同一个故事要重复一遍？

《逍遥游》原文实际上重复了许多许多，这是为什么？

更奇怪的是，为什么要说明这个故事是志怪书籍《齐谐》里记录的？"志怪书籍"说明记录的是神异鬼怪的荒诞不经的很难让人相信的事，而我们写文章引用的都是要说服读者让他们可以相信的事才可靠，为什么这里偏偏要引用志怪书籍而不是《科学杂志》之类的记载？

> 《齐谐》者，志怪者也。《谐》之言曰："鹏之徙于南冥也，水击三千里，抟扶摇而上者九万里，去以六月息者也。"
>
> 为什么同一个故事要重复第二遍（许多遍）？为什么要说明这个故事是志怪书籍《齐谐》里记录的，而不是《科学杂志》之类的记载？

这会儿学生不沉默了，嘀咕起来。虽然录像上听不太清楚，但是这个问题仍然再次提示"象征"对于理解这类经典文章的重要，所以干老师直接告知："这仍然是告诉你，能不能按照故事的表面样子去理解这个故事啊？"

"不能。"

"它在提醒你，要把它看成寓言，也就是说，你看到的是'言'，但脑子里却要想到的是它背后的'意'。你不仅要能够得言望意，还要得意忘言。'得意忘言'这个成语就来自《庄子》。"

接下来由成语得意忘言，干老师又简单谈及相关"得鱼忘筌""得兔忘蹄"以及"指月之手"，来理解言和意的关系，也就是能指与所指的关系：重要的不是看这个手指，而是经由手指看向月亮。所以我们阅读的时候就不能只停留在语言上，只停留在语言上人就读傻了。所有的语言都是手指，我们要看的却是月亮。

这样顺手拈来的《庄子》故事，对有心的同学来说，也无疑是指向《庄子》更深阅读的一根手指了。

接下来，干老师收拢话题，再次明确告诉学生，《北冥有鱼》是个寓言故事，所以我们就要透过表面的"言"探究内在的"意"，也就是它的象征。怎么找出象征呢？干老师给了几个问题提示：

> ### 北冥有鱼
>
> 　　北冥有鱼，其名为鲲。鲲之大，不知其几千里也；化而为鸟，其名为鹏。鹏之背，不知其几千里也；怒而飞，其翼若垂天之云。是鸟也，海运则将徙于南冥。南冥者，天池也。
>
> 象征
>
> 　　鲲和鹏是同一个生命吗？
> 　　你认为北冥和南冥会有不同吗？
> 　　你认为北冥、南冥、鲲、鹏象征了什么？

首先来看第一个问题："鲲和鹏是同一个生命吗？"

有些同学说是，有些同学说不是。

"首先我们要确定'是'还是'不是'。"干老师把问题分解，这次回答"是"的同学占了多数。

"对，我也赞同是。就像一只蚕，它经过几轮蜕皮，结成茧，最后变成蛾。但它是同一只蚕。所以这种过程叫蜕化、变化、进化——蚕和蛾，这是生命的两种形态。鲲和鹏也是生命的两种状态，一种叫鲲，一种叫鹏。那么是不是说前面的状态不好？"干老师分解的第二个问题来了。

"不是。"有了蚕和蛾的比喻，同学们对这个问题的理解很一致。

"对，你不能否定前面的状态不好，但是你能不能停留在前面的状态？"

"不能。"

关于鲲与鹏是否同一个生命，是否有高下之分，同学们领会得很好，它们是同一个生命，区别在于是生命的两个不同阶段。

现在，该解决第二个问题了："你认为北冥和南冥会有不同吗？"

关于这个问题，同学们的意见又有了分歧。干老师照样分解了引领："鲲是在北冥，北冥孕育了鲲，然后鲲化为了鹏，鹏的目的地是南冥，它能飞到南冥吗？"

"能。"声音一致且嘹亮。

"我们不知道。"没想到干老师接得更干脆，同学们诧异，干老师指着幻灯片上的文字说道："'海运则将徙于南冥'，我们只知道它想要去的是南冥。南冥是什么？"

"南海！"

"不不不，南冥者，天池也。"哈哈，同样场景再现。原来对课文连"言"都还没得到啊。

"它在告诉你，世界上有没有南冥？"

"没有。"八年级的同学还是很棒的，这次反应过来了。

"世界上没有南冥，你能到南冥吗？"

"不能。"少年们又一次声音一致且嘹亮。

"能！"干老师同样斩钉截铁。

哈哈。这样的课堂真是好玩，你的脑力与经典原文和老师思想不断碰撞，你的认识不断被反转，太有趣了。

这次干老师解释得比较详细："它说南冥，我们马上想到南海，但是它马上给你一个词——天池，把你脑子中的解释就给否定了。它就怕你落到语言中去，它不断地在否定你，你以为你得到了，它马上告诉你，不对。所以不是南海，是天池。那么天池是不是长白山上的那个天池呢？当然不是。天池，顾名思义，这必然是天上的大海。

"可天上的大海，这怎么可能呢？那么北冥与南冥会有不同吗？"

"会。"这次学生非常清晰了。二者当然不同了，一个在地下，一个在天上，这样矛盾又怪异的故事里，北冥、南冥、鲲、鹏到底象征了什么？

干老师让大家随便说说，一阵短暂的低语过后，第三排一个女孩说："我感觉就像刚才的天鹅蛋和鸭蛋，一个志向高远，一个隐喻现状吧！"

"这个同学想法很好。但是我刚才强调了鲲与鹏是什么，是同一个生命。可是鸭蛋和天鹅蛋是什么，是不同的生命，所以如果要联系的话，也就是鲲与鹏相当于天鹅蛋和天鹅的关系，这是同一个生命。"干老师敏锐地指出两种关系的区别。

又一个男生说："我觉得象征着不同阶段的不同目标和追求。"

干老师追问："你认为鲲的阶段是怎样的目标和追求？"

"鲲嘛，它就是在北冥。然后鹏的话嘛，它就想去南冥，去天池。"

"那么北冥又象征什么呢？"

干老师的继续追问之下，这位男生胸中有隐隐的感觉，但就是找不出合适的词句表达。

干老师表示理解，他说："大家已经懵懵懂懂有感觉了，但是表达不出来。这的确很难，不仅你表达不出来，我也表达不出来。庄子能表达吗？他也不能。（学生吃惊地瞪大眼睛，这太不可思议了吧。）如果能表达出来，他何必讲故事呢？（学生恍然，做点头状。）正因为表达不出来，所以他才用诗意的方式来表达，所以我要大家思考但并不必然要求大家表达出来。（马玲注：这句话很重要，也是这堂课'得意忘言'的前提性说明，以及看这个课堂教学实录的基本准备，因为这不仅是一堂语文课，在教'象征'的解读方法，更是一堂哲学课，给一群没有哲学基础的少年讲最玄妙的庄子道家哲学。）我给你一个我写的参考。（见下图）"

北冥有鱼

北冥有鱼，其名为鲲。鲲之大，不知其几千里也；化而为鸟，其名为鹏。鹏之背，不知其几千里也；怒而飞，其翼若垂天之云。是鸟也，海运则将徙于南冥。南冥者，天池也。

北冥是生命起始之地，鲲是生命的种子状态，它们代表着生命的可能性。

鹏是生命的转化、进化状态，南冥是生命的终极目的地。

鲲能不能不变成鹏？

鲲能不能变成知了或者麻雀？

干老师解释道："北冥是生命起始之地，鲲是生命的种子状态，它们代表着生命的可能性——你想想看，天鹅蛋就代表着可能性，所以这是一种生命的可能性。这个北冥就像是淤泥，鲲就像是莲花的种子，但它一从种子里长出来，就变成鹏了。可能性就变成了某种现实性。

"鹏是生命的转化、进化状态——就是生命已经开始启动了。你们现在是什么状态？你们现在不是鲲的状态，你们是鹏的状态。当然，你也有可能曾经的状态是青蛙卵，那现在就是小蝌蚪……这个大家要知道，总是有某种可能性转化为某种现实性，我们就在变化的阶段，从小学到初中，我们还在不断地变化。

"那么最终能不能到达天池呢？取决于什么？南冥就是生命的终极目的地。我们这一路转化变化最后的结果。因此当生命达到了最高点的时候，生命就抵达了南冥。"

关于"北冥、鲲、鹏、南冥"四个词语的象征意义，干老师做了辅助性理解后，真正的思辨来了。

"鲲能不能不变成鹏？"

"可以。"同学们的回答非常一致。

干老师并没有追问为什么，而是又抛出一个看似同样的问题："鲲能不能变成知了或者麻雀？"

有趣的是，这个问题同学们就犹豫了，低低的讨论声又忍不住像海潮一样涌上来。

"好像可以，是吧？"干老师体谅着他们的心意，同学们不禁点头，但干老师语意一转，很明确地给出回答，"从生物学的角度看当然不能。（学生恍然。）但是，如果鲲可以变成知了，那么青蛙的种子，知了的种子能不能转成鹏呢？"干老师明确这是假设。

"可以。"学生这时也在这种假设情况下做出了完全肯定的回答。

"那鲲岂不就没啥稀罕的了？"但是干老师却这么说，然后他解释道，"我们都知道，这不能从生物学的角度来理解，只能从心理学的角度来理解，那么天鹅蛋高贵的心，能不能变成卑贱的心？"

"可以。"学生照样确定地回答，估计看过不少王子变贫儿的剧情吧。

"不可以。"没想到干老师的答案每次都正好和他们相反，学生又哄笑了。

干老师接着解释："因为高贵的心变成卑贱的心，说明你就不是高贵的。（此时，全班满满黑人问号脸。）这个大家现在很难接受，但这就是哲学，哲学的思维就是这样的。如果鲲变成了麻雀，说明它根本就不是鲲。对不对啊？都变成麻雀了，事实证明你是麻雀，不是鲲。因此，鲲只能变成鹏。这就叫作自由。"这时，大屏幕上出现了"自由"和"自我实现"两个哲学概念。

"这叫自由？"突然出现的"自由"，让同学们又议论起来。这太熟悉的两个字，居然会出现在这里！

干老师看出了大家的困惑，他学着学生们的语气，说："'这叫自由？'对，这就叫作自由。"他又加重了语气强调。

"什么叫'由'，'由'就是按道路走。'自由'就是按自己的道路走。那么请问，鲲是变成了鹏是按自己的道路走，还是变成了知了是按自己的道路走？"

这就很明确了，同学们回应："变成鹏才是按自己的道路走。"

"对！只有变成鹏才是按自己的道路走。"干老师又解释道，"所以记住啊，有两种自由，一种是政治上的自由，别人不能命令你做不恰当的事情，也就是说，'我'可以拒绝别人给'我'的不恰当的命令，这是自由。这是政治上的自由，也叫消极自由。再艰难的处境，你也有说'不'的自由。还有一种叫积极自由，又叫教育学上的自由。那就是我必须成为、我应该成为、我理当成为，成为什么？成为我自己。这就是积极自由。鲲只能成为鹏，你只能成为那个更牛的自己，这就是你的自由，这就是你的天命，这就是你的职责。这就叫作自我实现——实现自己生命的意义和价值。"

看着学生对这段话朦朦胧胧有了新的感觉，干老师让大家带着这种感觉再朗读一遍这段话：

北冥有鱼，其名为鲲。鲲之大，不知其几千里也；化而为鸟，其名为鹏。鹏之背，不知其几千里也；怒而飞，其翼若垂天之云。是鸟也，海运则将徙于南冥。南冥者，天池也。

同学们读后，干老师忍不住对这段极尽想象与夸张"鲲之大"的文学语言评论道："不用'不知其几千里也'不能形容生命这种伟大的可能性，只有这样才能表达出我们心中的那种豪情壮志，必须要有能超越出我们所想象的。'不知其几千里也'——让我们陡然觉出了一个'我'——其实一个想象，一颗雄心，也能不知其几万里也。雄心就必须如此。所以同学们，虽然老师说写作文要真人真事，真情实感，可是庄子说——××××。"（因为我不是庄子，所以此处和谐了一下。）

不过，干老师的潇洒率性，倒是惹得同学们又哄笑了。

3

此时，《北冥有鱼》课文主体部分的哲学思考暂告一段落，课堂也过去了三分之一的时间。

"当然还有生命的另外形态呢！"大屏幕上出现了一段文字，这是课文中没有的，但同样出自庄周的《逍遥游》。

> 蜩（tiáo）与学鸠笑之曰："我决起而飞，抢榆枋而止，时则不至，而控于地而已矣，奚以之九万里而南为？"
>
> 寒蝉与小灰雀讥笑鹏说："我从地面急速起飞，碰着榆树和檀树的树枝，常常飞不到而落在地上，为什么要到九万里的高空而向南飞呢？"
>
> 它们又象征了什么？

干老师带同学们先疏通了本段大概意思：知了和小麻雀嘲笑那个鹏说，我从地面上急飞而起，想飞到那棵榆树上，却常常飞不到而落在地上。那落到地上就落到地上嘛，有什么大不了的，落到地上我还可以找几个虫子吃吃嘛。为什么要飞到九万里的高空，那么冷，那么吃力，这样干吗呢？真是有毛病！

当干老师问同学们怎么看蜩与学鸠的时候，一个男生说出了大家的想法：蜩与学鸠和大鹏相比，它们的追求不同。

干老师帮他修改为准确的哲学语言："严格地说，是种子不同，可能性不同。"接着他又提出一个烧脑的问题："如果它只能这样，那么它这样的状态不好吗？"

看着大家又有些懵，他举例说："假如我是个色盲，我不能成为画家，那我就不成为画家了。这样的状态不好吗？"

有个同学不知道脸上现出了怎样的表情，被干老师肯定了，他对全班同学说："对，这位同学的反应就对了，上哲学课，一定要处处有惊讶，但不一定要滔滔不绝——记住，我们在哲学课上不可能滔滔不绝。为什么？因为我们面对的是我们捕捉不了的未知，而不是我们要努力驾驭这段话。所以我们说不出话来那是很正常的。"

他再一次强调了"指月之手"的思维方式："我说的话都不是话（意），都是手指在哪里（言），而月亮（意）在哪里，你停留在我的话（言）有意思吗？"

不知道学生明白没。干老师又让他们看另一只鸟，同样，这只叫斥鷃的鸟也是出自《逍遥游》，也是对鹏九万里图南嘲笑讥讽。

> 斥鷃（chì yàn）笑之曰："彼且奚适也？我腾跃而上，不过数仞而下，翱翔蓬蒿之间，此亦飞之至也。而彼且奚适也？"
> 它们又象征了什么？

斥鷃这种小鸟讥笑鹏说："它打算飞到哪儿去？我奋力起飞，不过几丈高就落下来，盘旋于蓬蒿丛中，这也是我飞翔的极限了。它打算飞到哪儿去？"

干老师又形象地举出了蜻蜓的例子："如果按照这小鸟的说法，飞翔的境界最高的，应该是蜻蜓了。大家看过蜻蜓的飞翔吗？随时可以悬停，那么精巧，比直升机还牛，任何地方都可以停留，我都怀疑它甚至可以倒飞。那这也是飞的极致啦！它们又象征着什么呢？"

同学们仍然低语着，觉得不好回答。一方面感觉鹏很好啊，但另一方面也觉得蜩啊，学鸠啊，斥鷃啊，虽然很小很找打的样子，但它们本身就只能那样啊，而前面不也说了，这样也没什么不好嘛。

干老师觉出了大家的为难，他解释道："其实在这里，道家分两路了：一路认为，大鸟不得不大，小鸟不得不小，每一种生命只要按照自己的形态完成自己，都是好的。这个就叫作极端的道家。那这种道家是不是庄周的道家？"

"不是。"学生回应。庄周的道家是鲲鹏嘛。

"不是庄周的，是庄周的学生的，和《道德经》的道家的。"干老师接着解释说，"庄周的道家是另一路。这是怎样的道家呢？我们现在还不知道，我描述一下我的理解：人只活一次，总是要死的，干吗不活得潇洒一点，像个虫子似的活着不如不活。这是庄周的道家，所以活得潇洒活得逍遥活得精彩，像一朵花一样绽放。"

这段话很好理解，但下一段话就用"象征"来解释了，干老师说："庄周的意思是说——我没有讲这些小鸟，记住这都是比喻，都是象征。其实任何一个人都可以在心灵上翱翔九天，没有生命生来就是个卑贱的小虫子。人之为人，就不是小虫子。"

这样，结合着两段互文，干老师把两种道家思想呈现给同学们，让他们再次选择哪种道家是对的。

这些同学真的很棒，从开始到现在，他们已经有了非常珍贵的领会，大家纷纷说道："没有错对，只是人生选择不同。"

干老师也很欢喜，他肯定了同学们的想法，并且也分享了自己少年时的阅读体验："对，这只是不同的人生选择而已，只是你喜欢哪一种选择而已。所以我们不能评论高低。但是我们要知道庄周的思想是哪一种。我少年时读过郭象注解的《庄子》，众说纷纭的时候，他就是说两个都好。做大鹏也好，做小虫子也好。"

4

现在既然有了一个共识，两种道家思想没有错对之分，只是"人生的选择不同"，干老师就让大家做"人生的选择"了。

他笑眯眯地问："同学们，你现在想要希望做啥呢？"

"鹏！"同学们异口同声地回答。

"那鹏好做吗？"干老师继续笑眯眯地问。

"不好做！"同学们也都说大实话。

"来，我们读读这一段。"大屏幕上又出现了一段补充文字，同样来自《逍遥游》，现在读实录的朋友深刻理解了课前干老师说的"为什么一个故事要重复许多遍"了吧！

　　风之积也不厚，则其负大翼也无力。故九万里，则风斯在下矣，而后乃今培风；背负青天，而莫之天阏者，而后乃今将图南。

因为有了前面的理解，所以这段陌生的文言文，同学们读得很不错，大概意思也领会了。大家看到，要想鲲化为鹏，图南到南冥，到天池，是很难的。因为只要"风之积也不厚"，就不能承担起鹏一对巨大的翅膀。所以，鹏必须高飞九万里，狂风就在它的身下，整个宇宙就在它的翅膀下，它才可以凭借风力飞行。那时候，它背负青天，再没有什么力量能够阻挡它了，这时候它才可以说，我准备好了，我要继续往南！往南！

往南!

此时,同学们就再一次明白了"自由""自我实现"其实在某种意义上,就是放弃原有的安逸的生活方式,走出舒适区,挑战不可能。

朝向"自由""自我实现",反而意味着你选择了一条艰难的道路。

5

但干老师的课堂并没有停留在这些抽象的哲学思考上,大屏幕上又出现了新的补充文段,同样出自《逍遥游》。这一课上下来,估计连没有读过《逍遥游》的人,都能大概把握庄周的"逍遥游"哲学思想,简言之就是"鲲鹏北冥南冥"的象征了吧!这是干老师惯有的思维,小切口,但极深极透。

"我们来看看,这里两种人,哪一种人更接近鲲鹏的境界?"

　　故夫知效一官,行比一乡,德合一君,而征一国者。

干老师先简单讲解了意思:"有一种人,他的才智能力被长官赏识,他的行为良好可以成为一个地方的表率,他的道德已经得到了一个君主的认可,一国的人已经知道他的名声了。一句话,他按照社会规范已经做得非常好了。比如说他是个好校长,他是个好教师,特级教师、榜样教师这种。"

还有一种呢?

　　举世誉之而不加劝,举世非之而不加沮,定乎内外之分,辩
乎荣辱之境者。

"整个世界表扬他,但他也不会因为这个而更加勤奋;反过来,整个

世界批评他他也不会为此沮丧，因为他知道，所有的表扬和批评都是外在的，重要的是"我"的内心怎么看待。因此，他不会因为别人的点赞、嘲讽而心生困扰，他坚守自己。"

这两种人，哪一种更接近鲲鹏的境界呢？

同学们又是异口同声："第二种！"这的确是明摆的送分题嘛！

"其实第二种离鲲鹏的境界还很遥远。"哈哈，学生又懵了，怎么会？但干老师很认真地说："是啊，做到第二种已经很难了，但离鲲鹏的境界还是很遥远。那么到底怎样才能更接近鹏或者南冥的境界呢？"

同学们当然更想知道。

干老师再次祭出庄子《逍遥游》上的话，也是庄子自己的回答——

乘天地之正，而御六气之辩，以游无穷者。

他问同学们懂不懂，同学们都摇头，面对一双双眼睛里透出的渴求的眼神，没想到干老师也老老实实说："对不起，我也不懂。虽然我文字都认识，但是我不明白什么叫'天地之正'，我不明白究竟什么才叫'六气之辩'，我也不知道什么叫'以游无穷者'，我只觉得很厉害的样子。"

然后他告诉同学们一个网络新词——不明觉厉。就是你压根不明白是啥意思，但是莫名就觉得它很厉害的意思。

这个词把同学们逗乐了。哈哈，估计干老师这节课给大家的印象也是——不明觉厉。

不过庄子的第二种回答，干老师就有很深的研究了。

磅礴万物以为一。

他告诉同学们，这是一种很高的哲学思想。因为我们人总是被万物中的琐碎的东西牵绊，但是哲学的目标是什么，哲学的目标是把整个万物视为一个统一的"一"，绝对的"一"。哲学是"一"，你如果要守住这个一，就要把一砍掉，归为无，这就是哲学。琐碎的叫科学，绝对的叫哲学，庄周是哲学家，他追求的是哲学之境。

干老师这会儿真的很——不明觉厉。因为他发表完对"磅礴万物以为一"的高论后，问同学们懂不懂，当然都不懂啊。

"不懂就对了，至少我们知道在今天还有一个远远去看的境界，今天我们不要试图去捕捉它，但是大家要知道，有南冥。我们有北冥的过去，也有南冥的未来。世界上存在着一种大鹏的非生物，存在着一种南冥的想象的境界，而且我们可以说庄周本身已经抵达了。"

哇！同学们眼睛亮了，诧异了！

"他不抵达就创造不出来这个故事嘛！"

同学们的恍然中，大家又一次把这段课文朗读了一遍。经过了鲲鹏的理解，经过了蜩与学鸠的互文理解，经过了斥鷃的互文理解，经过了对图南天池路途之艰难的理解，经过了庄子哲学思想上位的思考，同学们对这段话，对自由的感觉真的不一样了吧！

> 穷发之北，有冥海者，天池也。有鱼焉，其广数千里，未有知其修（长）者，其名为鲲。有鸟焉，其名为鹏，背若泰山，翼若垂天之云；抟扶摇羊角而上者九万里，绝云气，负青天，然后图南，且适南冥也。

干老师总结道："庄子一次一次地重新讲述，要告诉我们的就是不要停留在语言的表面，因为每次讲述的语言都不一样。但是，一次次重复地讲，就是要讲不同的语言背后那个相同的东西。那相同的东西表面上看是北冥、鲲、鹏、南冥，而实际上是什么呢？实际上是生命的境界，是生命所抵达的境界。"

可是思辨到这里并没有停止，干老师又提出了这样一个有意思的问题，引出庄子哲学中另一个重要的概念。

这个问题是：这样浪漫、夸张、没有事实根据的语言和文字有价值吗?

大屏幕上出现的是这样的话,这也是庄子《逍遥游》文章最后的两段话——

> 惠子谓庄子曰:"吾有大树,人谓之樗。其大本拥肿而不中绳墨,其小枝卷曲而不中规矩,立之涂,匠者不顾。今子之言大而无用,众所同去也。"

干老师告诉同学们,惠子是庄子的好朋友,他们经常做有趣的哲学讨论。所以读他们的讨论的时候,不能按照事实去理解,而要知道,做哲学讨论是不需要有事实的,是重在讲逻辑讲道理的,所以不能去追究到底有没有这棵大树。而是惠子设想了有一棵大树——假如我有一棵大树,其大本拥肿而不中绳墨,其小枝卷曲而不中规矩,也就是说它的树干疙疙瘩瘩的,枝杈也弯弯曲曲的。它就生长在路边,可是木匠路过连看也不看,因为它没有用啊。无论做桌子做什么都不能,这就是大而无用——这就是庄子你的"逍遥游"嘛,听上去很大很大,但是没有用。所以"众所同去也",大家都走了。庄子啊,你这些话很美,但是没有用啊。这是惠子对庄周的批评。

那庄子怎么回答呢?

> 庄子曰:"今子有大树,患其无用,何不树之于无何有之乡,广莫之野,彷徨乎无为其侧,逍遥乎寝卧其下?不夭斤斧,物无害者,无所可用,安所困苦哉!"

庄子的意思是说:既然有这样一棵大树觉得它没用,那么为什么不把它种到没有的地方——无何有之乡——没有这个地方的地方。(无何有之乡的意思就是,没有这个地方的地方。这个无何有之乡的概念理解起来有些超乎经验，干老师很简单就解决了：既然这棵树是你想象出来的，那么我再想象这样一个地方——什么也没有的地方，它表面上说是什么也没有的地方，这本来靠的就是想象。）

广莫之野，然后我作为一个人，我是彷徨乎无为其侧，逍遥乎寝卧其下。我什么也不做，在这棵树旁边走来走去，走来走去，很逍遥地在它下面睡大觉。这棵树也不会被木匠砍了，因为它无所可用。所以为什么要担心无所用呢？这是好事嘛。

干老师又讲了他曾经的一段"无所可用"的生活："二十来岁的时候，我工作在浙江绍兴的会稽山里，在那里就过着这种生活——无何有之乡，彷徨乎无为其侧，逍遥乎寝卧其下。我读《庄子》之类的书，读完《庄子》读另外的书，完全随兴趣心意走。可是有很多朋友希望我出山到城市里，去做领导去做名师，但我就很钟情于这两段话——

"你说我这样没用，可是很好啊，没用挺好啊，为什么？因为生命本身就是生命，如果我逍遥了，体现的就是生命。

"生命不是对别人有用了才叫有用。那么是不是说，别人遇难了我去帮助他，我为你们上课，这些事没必要吗？答案是——你觉得快乐吗？我觉得快乐吗？快乐。这么快乐的事情为什么不做呢？

"生命就是目的啊，没人勉强我，是我想做，生命的美丽本身就是最高价值。它不需要再对另外的什么有用才显得有价值。宇宙的一切乃是为我们的生命而服务的，而不是我们的生命是为某个什么样的东西服务。但是《逍遥游》真的是无为无用吗？不是，因为你真要这样去想的话，你就固执在这段话了，你忘了上面的话，记住两段话都是话，你都要把它们既记住又忘记。

"大家有没有见过张无忌练武功？张无忌练习张三丰教他的太极拳，你要把你的招式都忘了，然后你就学会了。这就是道家的，他们所有的逻辑方法都是从哪里学来的，就是庄周这里学的。

"所以我们要回到最初那个象征上去：北冥是生命起始之地，鲲是生命的种子状态，它们代表着生命的可能性。你必然要化为鹏。鹏是生命的转化、进化状态，南冥是生命的终极目的地。

"生命就是目的，我不是为了某个其他外在的目的而去显得有用的才有价值，可是，生命要达到最高境界，你是一定要和这大片的世界相关联。原话是什么？

"去以六月息者也……野马也，尘埃也……这些都是你崛起的必要条件。这个世界就是你崛起的必要条件，你和他不是两张皮，你需要磅礴万物以为一。

"我们带着这种似懂非懂的感觉再来把这篇《北冥有鱼》读一遍。

"南冥者，天池也。我们有各自的朝向，各自的灵山，各自的天池。

"这节课就上到这儿。"

如何在课堂上碰撞出思维的火花
——《田忌赛马》课堂教学实录

教材：统编教材五年级下册语文第六单元

时间：2020 年 6 月 9 日

学生：德阳沱江路小学五年级学生

授课教师：干国祥　实录整理：马玲

1

6 月 9 日下午。

四川省德阳市沱江路小学报告厅里，五年级近 30 个学生，又整齐地坐在主席台下，准备和干国祥老师共同学习统编教材五下第六单元的《田忌赛马》。他们上午刚刚跟马玲老师一起进行了同单元另一篇课文《自相矛盾》的思维之旅，这也是本次沱江路小学统编教材教研的一大重点——以"大情境·大任务"为方向的单元主题教研。

干老师的课就从单元教学主题开始。他首先带领学生明确《自相矛盾》和《田忌赛马》这两篇课文所在的单元要学什么练什么，学生们也都非常明确地回答出"练习思维，产生思维的火花"。

干老师肯定了学生们的回答，又生动地用刚学的"矛盾"来解释——

思维的火花怎么来？只有思想摩擦碰撞才会出火花。也就是说，一定要有碰撞，一定要有像"矛"和"盾"之间这样的碰撞。"矛"和"盾"不管是哪个，单独放在一边都不会有火花，只有碰撞的时候才会迸射出火花来。所以如果学过这两篇课文，我们没能迸出思维的火花，那我们这个单元的课就白上了。

同学们纷纷点头。

不过可别点早了，因为干老师又接着说："这篇课文我们学过了（注：疫情期间已经在网课上学习了），你们在学的时候有火花迸出来吗？"

听课老师们饶有兴趣地看着学生们，看他们如何回答这个分明挖了"坑"的问题。

果然，学生们说出"孙膑很聪明，他善于观察，想出了好办法，帮助田忌赢了赛马"后便没别的了。

"在我看来，这个都不叫火花！"果然，干老师一棒子打过去，一下子把同学们打愣了。这不叫火花，为什么？那啥叫火花呢？他们的好奇心被勾起来，听干老师继续说。干老师又解释说："这个叫什么？比如我们遇见了一个聪明人，这个聪明人教训了你一顿，告诉了你一个道理，你就像一个傻瓜似的拼命点头——老师，我学会了，我知道了。但你学会啥了，你啥都没学会，所以这里没火花。"

学生们被干老师有趣的演绎逗乐了。干老师又强调说："火花就意味着你的思维要跟什么碰撞，要跟这篇课文，包括孙膑的主意碰撞起来，这才会有火花。在《自相矛盾》中，那个鬻矛与盾的人不就和旁边的人碰撞了吗？然后，马老师又带着你们去跟古往今来的那些事情、现象进行碰撞，火花就出来了。"

"所以，要迸出思维的火花，你必须是一块石头。（孩子们自发解释是打火石）对，打火石！你要跟课文，跟课文中的人物去碰，然后这个火花才能照亮历史，照亮我们的今天，乃至照亮我们人类的未来。"

很佩服干老师。面对已经学过课文，头脑里有一定"刻板印象"的学生们，干老师用短短2分钟就重新刷新了他们的认知，目标明确地带着"与孙膑重新碰撞"的新态度去面对《田忌赛马》这篇课文了。

2

"你觉得当时赛马会是哪一种方式？"

干老师让同学们看大屏幕，屏幕上出现了三张图片，一张图片是两个人分别骑着一匹赛马纵马飞驰；第二张图片是并列四匹马拉着一架车；第三张图片也是四匹马拉着一辆车，不过是前后各两匹——事实上这才是最接近历史事实的"驷乘"，因为它本就取自古代的雕塑。

"按上等马、中等马、下等马的顺序依次出场。"第一排最边上的女生马上举手回答。

"注意观察——大屏幕上面是几种形式？"

"第一种是单个人骑在参赛的马上，比赛出胜负；第二种是赛四匹马拉的马车。"女生补充道。

"课文中的赛马是第几种？"

"我觉得应该是第一种。"

干老师又问全班同学有没有不同意见，没有异议。

很明显，干老师问这个问题自有用意，但见没有碰撞出"思维的火花"，干老师也不着急，他说："我们先把这个问题放一放，现在考你第二个问题：如果要你做赛马的主持人，宣布比赛现在开始，你会怎么主持？"

"双方——出马！"马上有快嘴男生大喊，有气势又有魄力。

"哈哈，我又要给你打低分了！参加赛马的是双方吗？是只有田忌和齐威王吗？只有这两组吗？"干老师一连串追问主动"碰撞"过来。

"还有其他贵族。"同学们反应过来。

"所以应该是每一队都出马。出什么马？"

"出骏马。"又一快嘴男生，但凡嘴快者结果都一样。

"出上、中、下马。"这个回答干老师也不满意，他把这个简略回答形象地展开："来，各队把所有马都牵上来！——没有这样主持的！"

"要分出三种等级的马。"一个女同学解释。但如何以主持人的身份，把比赛规则说出来，宣布大家出场，仍然没有一个同学能清晰准确地说出。

"每个队出一匹马！"

"请贵族们选择一匹马出场。"终于，有一个男生的回答有些不同了。

"选择一匹马出场！"干老师加重声音，重复强调了这个男孩的发言，接着又问："是不是大家可以随便选择一匹马出场的？"

"可以啊。"同学们觉得理所当然。

"你怎么知道可以的，书中是这样叙述的吗？"干老师的追问又开始让同学们怀疑人生。

不过，这样几轮的师生应对，干老师已经了解了孩子们对课文的认识水平，便不再追问，而是直接用一句成语进行解释。台下听课的老师这才明白了干老师问"赛马形式"以及"如何主持"这两个问题的深意。

这个成语就是"一言既出，驷马难追"。

这样，同学们就知道了，也是教材忽略的一个文史细节——齐威王那时的赛马跟现在完全不同。那时赛马，其实是赛马车，马车是四匹马拉的，所以叫"驷马"。这样四匹马拉的车叫"乘"（音 shèng），拥有多少这样的马车是当时衡量一个国家国力大小的重要标志，就像现在有多少坦克一样。百乘之国——这还是个中小诸侯国，但如果是千乘之国，那么这个诸侯国的兵力就很强了。当时诸侯国打仗时都是战车交战，人骑在马上还不是中原特色，所以才有"奇"这个字——字源本义就是人骑在马上，看起来非常奇怪。骑兵开始成建制出现于各诸侯国，始于晚几十年的赵武灵王"胡服骑射"政策的推行。

不过，这个文史知识缺失的锅还真不该孩子们背，因为教材上的图会误导，教材上的插图里是模棱两可的两匹马，上面既没有鞍鞯等骑马装备，也没有车驾等设备。头脑中只有现代赛马经验的孩子，哪里会知道啊？估计插图作者也没有想到吧。

第二个问题也非常重要，因为它考察了孩子们对于当时赛马规则的理解，很明显，这是非常重要的，只要有比赛，一定有规则。而同样，改写成现代白话文的课文，也忽略了这个细节，便把历史上一个非常重要的常识忽略了，同样也理解得片面化了。

为什么这么说呢？我们继续来看课堂——干老师的反转。

3

这时候，幻灯片上出现了"田忌赛马"故事的原文，其中"田忌赛马"部分被专门框了出来。

干老师的问题是：原文和课文最大的不同在哪里？

原文和课文最大的不同在哪里？

田忌赛马出自《史记》卷六十五《孙子吴起列传第五》。

齐使者如梁，孙膑以刑徒阴见，说齐使。

齐使以为奇，窃载与之齐。

齐将田忌善而客待之。

忌数与齐诸公子驰逐重射。（重射：下重的赌注）

孙子见其马足不甚相远，马有上、中、下辈。

于是孙子谓田忌曰："君弟（弟：但，只须）重射，臣能令君胜。"

田忌信然之，与王及诸公子逐射千金。

及临质，孙子曰："今以君之下驷与彼上驷，取君上驷与彼中驷，取君中驷与彼下驷。"

既驰三辈毕，而田忌一不胜而再胜，卒得王千金。

于是忌进孙子于威王。

威王问兵法，遂以为师。

具体教学过程如下：

干老师先请同学们把画线句子读出来（括号里的注释不用读），并对他们说："读错了没关系，老师会帮助你们的。"

读后，孩子们提出的不懂的地方是"卒得王千金"，干老师解释，是说田忌最终赢得了齐威王千金的赌注。他又补充了"千金"的两个小知识。一是千金的"金"更多指的是铜，因为当时铜的开采很难，跟金差不多，一直到秦汉时，金大多指的是黄铜；二是因为千金价值贵重，后来就渐渐用作人的指代，在后来就成为女孩子的专有比喻了。

干老师的文史知识实在太丰富了，就着这个"千金"的理解，他开玩笑说："只能理解为赢得了齐威王的千两黄铜的赌注，不能理解为娶了齐威王的女儿。为什么呢？因为齐威王和田忌一样，都姓田，他们是一个家族的。"

孩子们一下子惊了，齐威王姓田，那他怎么是齐国的君主呢？他不应该姓齐才对吗？哈哈，无心插柳柳成荫，面对这个碰撞，干老师又简单解释了一下齐威王姓田的由来——齐国的创始人是《封神演义》中的姜子牙，因为他为周武王推翻商纣王统治立下大功，所以被封为齐国的国君。齐国本来是姓"姜"的，但是几百年后，姜太公的子孙们太不争气，就被田氏家族夺了权，取代了姜氏的统治，也被称为"田齐"。

正如评课时干老师所说，这些文史知识，与课文关系不是很大，但是既然涉及了，就告诉孩子们。多一些有趣的了解，也会激发孩子们对历史更多的兴趣——尤其是能够避免一些不必要的误解。

此时，通过对原文的了解，同学们就知道了田忌赛马的比赛方式是第二种，不是拿一匹马出来，而是赛四匹马拉的车。所以比赛就不是想出哪匹马就出哪匹马。因此，当干老师再请同学们来拟主持人比赛的主持词时，就有很多同学举手了。干老师选了一个女生，女孩子清了清喉咙，说："请各位准备好上驷，准备出赛！"

干老师呵呵笑了，评价说："内容比刚才好太多了，就是主持人的威严还差点儿。"

4

因为课文是已经学过的，所以干老师没有对比赛经过和比赛结果再讲什么，而是又带给孩子一个"碰撞"——根据故事，给三个主要人物齐威王、田忌、孙膑打分（0~100分）。

顺便说一句，给故事中的人物打分，是进行人物分析非常好用的一个策略，不仅课文，经典童书也是如此，比如《夏洛的网》《一百条裙子》等，让孩子分别给书中的主要人物打分，然后再进行文本细读，最后的结果会让孩子们大吃一惊——这样的反转带来的课堂效果以及对已经熟悉了的故事人物的再认识，无论对老师还是学生来说都是非常愉快的学习体验。

同样，这堂课也是如此。

孩子们太可爱啦，已经有聪明的孩子感觉到这道题没那么理所当然了，所以举手的不多，大家情不自禁地议论纷纷。但也有特别好玩的一个孩子，开始了他的"表演"："齐威王威风凛凛……"

他声情并茂的评价还没说完，就遭到了干老师的无情打压——不是让你对着屏幕给三个人的颜值打分数，是根据故事中的表现打分，不是根据颜值！

呵呵，这样的师生"碰撞"也是课堂上的一种别样的趣味。

"齐威王我给80分，因为我觉得他的思维不行。"一个女孩说。

"思维不行，还打了80分？"干老师表示惊讶，而其他同学看来认可，叽叽喳喳地解释着。这个女孩子继续往下说："田忌嘛，我给他打90分，因为他善于思考，善于观察……"然后自己也觉得这个理由好像很勉强，说不下去了。干老师替她补充："那孙膑应该是100分吧？"学生表示赞同。

另一个女孩子胸有成竹，落落大方地站起来，说道："我给齐威王打

95 分，因为他前面都赢了，就最后一次比赛他没有想到，而且他也是个王。"呵呵，这给分的理由，貌似脑洞也很清奇。

所以干老师追问："你怎么知道他前几局赢了？"

"不是根据故事嘛。"女孩同样迅速找到了理由。她接着说："我想给田忌打 85 分，因为最后一次比赛田忌相信孙膑。我给孙膑打 90 分，因为他很聪明，扣掉的那 10 分是因为他没有自己全力去比赛。"

这个姑娘的脑回路也比较清奇，从回答看来，她打分的依据一是全部比赛的结果；二是有没有亲自参加。所以综合得分排个名次：齐威王、孙膑、田忌。

"你们都听清楚她的理由没？因为齐威王前面几次都赢了，所以赢了很多钱，而田忌只赢了最后一次，赢得不多。孙膑呢，虽然比较聪明，但是没有参加比赛，所以没钱。"

同学们都摇头了，不能这样打分啊。

第三个还是女生，她说："我给齐威王打 91 分，如果最后两局的比赛，他把两种马调换一下，还是有希望赢的。（可是他却没有那么做。）给田忌打 89 分，因为他的思维不是那么灵活。给孙膑打 96 分，因为他很聪明，善于思考。"

她的想法得到了大部分同学的赞同，很多手放下了，但一个男生异军突起，站起来大声说："我给齐威王打 20 分。本来我 1 分也不想给他，但是他最后一个举动改变了我对他的印象……"

干老师插话道："输了不赖账！直接把钱就给了，是吧？"

哈哈，这次还真的"碰撞"了！男孩说："不是的，是他用了孙膑，是一个爱才的形象。"这孩子真了不起，刚才读原文的时候，最后的结果："于是忌进孙子于威王。威王问兵法，遂以为师。"他居然留意到，并且用在了这里。

"田忌吧，我给他打 80 分，因为他很信任孙膑。孙膑，我给他 100 分，因为他聪明嘛。"

"有理有据！"干老师也忍不住夸赞他清晰的逻辑和表达。

"我给齐威王打85分，如果他能用反套路和田忌对抗，他也可能再次赢。给田忌打90分，他善于用人，可以信任孙膑。给孙膑打100分，善于观察思考。"

这也是个男孩，对于齐威王的看法和第三个女生一样，也是个机灵鬼儿，已经发现了孙膑的"花招"，而且"以其人之道还治其人之身"。

这样，从前排到后排，共找了5个同学回答，干老师总结道："除了刚才那个女生有趣的神回答，其他几个同学都差不多。但大家注意到没，刚才几个同学都认为前几次比赛都是齐威王赢，课文中有没有这样说？"

"没有。"学生好像明白了什么，一边翻书一边思考着回答。的确，课文中是这样写的——田忌经常同齐威王及贵族们赛马。孙膑看了几场比赛后发现，大家的马脚力相差不多，而且都能分成上、中、下三等。

"原文中有没有说齐威王的马更好一些？"

"没有。"这次的声音非常确定，"他们的马差不多。"

虽然是文言文，但基本意思孩子们是理解的："孙子见其马足不甚相远，马有上、中、下三辈。"（译文：孙子见田忌的马与其他公子的马脚力相差不大，分为上、中、下三等。）

"所以，（之所以认为前面都是齐威王赢，田忌输）这就是读书不仔细，把自己的感受胡乱地加到课文中去了。原文说他们的马是差不多的，伯仲之间。你想啊，如果田忌的马明明不如齐威王，还硬要去赌，那结果一定是输，这不明明是个大傻瓜嘛！"

这个细节的发现，让同学们一下子认识到，自己把故事读浅了。现在他们就知道了更细微的情节——田忌和齐威王的马是差不多的，因此比赛的时候也都各自有输有赢。而孙膑做的不是让不会赢的赢了，而是让差不多的一定能赢。而课文和原文最大的不同是，课文去掉了"赛马的赌注（估计觉得不够"正能量"，怎么能教小孩子赌博呢？）"，但这样故事强烈的戏剧感就没有了——你想嘛，本来大家概率都差不多，互有输赢，但孙膑给田忌出了主意：你加大赌注，比如以前你赌的是10万，这一次你赌上1000万，去狠狠地赌一次，我保证你一定能赢。这样才自然引起齐威王的注意，最后齐威王"好奇地问田忌：'你这样安排马的出场顺序，是不是有人给你出谋划策了'"，这"好奇"才有了出处啊！

那么这个赛马和赌注的细节会不会改变同学们对三人的评价呢？

当干老师再次问道："就像刚才同学们评价的：我们孙膑同志太聪明啦。齐威王是个笨蛋，是个冤大头。田忌呢，本身像个傻瓜，但是他能够赏识孙膑。是不是这样？还有没有不同的意见？"

真厉害，这会儿有同学主动开始"碰撞"，站出来不同意老师的观点了，也是一个女孩。她说："我觉得齐威王也不是笨蛋，他能够输了之后，还重用赢了他的大臣。"

"这叫事后诸葛亮——经过这件事，我知道我自己笨了，但是我找到了聪明人。"干老师回应道，"但是在这件事中，到底齐威王有没有如刚才同学所说，发现了孙膑的'策略'，我们已经无从知道了，所以不好评论。但是在历史上这三个人的形象却非常鲜明地留了下来，大家想不想知道？"

当然想啦！

5

接下来，干老师为孩子们补充了三个人物的相关历史事实，先看齐威王——

> 齐威王以善于纳谏用能，励志图强而名著史册。齐威王在位时期，针对卿大夫专权、国力不强之弊，任用邹忌为相，田忌为将，孙膑为军师，进行政治改革，修明法制、选贤任能、赏罚分明，国力日强。经桂陵、马陵两役，大败魏军，开始称雄于诸侯。并礼贤重士，在国都临淄（今山东淄博东北）稷门外修建稷下学宫，广招天下贤士议政讲学，使之成为当时的学术文化中心。

同学们分别朗读了相关介绍，干老师又解释了稷下学宫——中国思想的宝地，百家争鸣就发生在那里，那里汇集了天下贤士，议政议学，成为当时的学术文化中心。

除此之外，在齐威王前，诸侯间的霸主应该是魏国，但自齐威王开始，诸侯间的霸主就渐渐成了齐国。发生在齐国和魏国之间的几次战争，事实上就是诸侯间的争霸战。

干老师说："大家听过一个成语故事'一鸣惊人'吗？讲的就是齐威王的故事。齐威王刚做国王的时候，看起来很糊涂很昏庸的样子，整天贪图享受，不理朝政。于是有一个大臣就去讽刺他了，到了他的王宫就故意说：'我看到了一只鸟，栖息在大王的庭院里，三年也不叫，也不飞，大王知道这是为什么吗？'

"齐威王知道是讽刺他的，就说：'这只鸟不鸣则已，一鸣惊人；不飞则已，一飞冲天。'此后，他就励精图治，就有了刚才我们读到的种种表现，几年之后，就打败敌国，让齐国成为当时最厉害的国家。"

同学们听得入了迷，觉得怎么也不能给齐威王打"笨蛋""傻瓜"的分数了。

再来看田忌——

出身贵族，赏识孙膑的才能，收为门客。

参加桂陵之战，听从孙膑的参谋，以"围魏救赵"大胜魏军；参加马陵之战，听从孙膑谋略，采用"减灶之计"，诱杀魏将庞涓。

屡立军功，受到国相邹忌陷害，逃亡于楚国。

齐宣王即位，返回齐国，恢复官职。

干老师解释道："田忌厉害吧！齐国成为霸主，很大程度上就是因为田忌这员大将。"

他又顺便解释了一下齐宣王和齐威王的关系：齐威王之后是齐宣王。孩子们虽然都知道"滥竽充数"这个成语，却忘记了齐宣王就是其中的主角之一。

最后再来看孙膑——

> 孙膑，孙武后代。孙膑曾与庞涓为同窗，因受庞涓迫害遭受膑刑，身体残疾，后在齐国使者的帮助下投奔齐国，被齐威王任命为军师，辅佐齐国大将田忌两次击败庞涓，取得了桂陵之战和马陵之战的胜利，奠定了齐国的霸业。

干老师也做了解释："孙武，就是《孙子兵法》的作者啊，这本兵书太有名了，连美国人都要读。所以孙武被誉为中国的'兵圣'，世界著名的军事家。而孙膑就是孙武的后代。他姓孙，名字叫什么？"

"膑。"

干老师说："他姓孙，但不知道他名字叫什么。之所以人们叫他'孙膑'，是因为他遭受了膑刑。所以'孙膑'是他的绰号，而不是他的正名。"

了解了三个人的历史形象后，干老师再让大家给三个人打分。

> 根据故事，给三个主要人物打分（0 ~ 100 分）
> 笨蛋？冤大头？傻瓜？聪明人？
> 齐威王　　　田忌　孙膑

孩子们这次非常统一——个个都厉害，个个都是 100 分。

"是啊，每个都很厉害，简直就是三大牛人聚在一起了。"干老师也由衷地说，但他话锋一转，又回到了"田忌赛马"的故事，"但这是历史上他们的功绩，就这个故事，你觉得谁最厉害？"

"孙膑。"

"他善于观察，非常聪明，也很勇敢，勇于打破常规。"这个男生的评价就一下子多了维度和深度。

"那么你觉得齐威王和其他的贵族看不出来上等马、下等马的顺序吗？"干老师仍然追问，紧紧追着孩子们，继续往深处思考。

"他们的思维局限于一个范围。"这是一个女孩，这样的评价比刚开课的时候要客观公正多了。

"是思维局限了吗，还是什么？"

干老师又自己模拟了一下刚才要同学们做的赛马主持："各队，准备！请派出上驷参加第一轮比赛！"

这一次，孩子们终于明白了孙膑的"策略"其实是破坏了比赛规则。人家齐威王和其他贵族都老老实实地按照规则，派出了上驷，但孙膑却悄悄地让田忌派了下驷上去，所以他们都不是傻瓜，但齐威王和其他贵族到底输在哪里呢？

6

这就引出一个真正值得思辨的问题：田忌第一次参加比赛的，不是规定的上等马，这样可以吗？

孩子们这里现出了明显的纠结——从喜欢孙膑的感情而论，他们选择可以；但孙膑又明明违反了规则，就好像进行一场足球比赛，一个跑得快的球员直接抱起足球扔进了对方的球门，这样也太荒唐了，下一次谁还跟你比赛呢？擅长游戏的孩子最知道规则的重要。同样，孙膑这一次成功了，但知道了真相的其他贵族们还会不会再跟他赛马呢？肯定不行啊，太不守规则不讲信用了啊。或者继续比下去，但规则就会完全不同了，比如大家改抽签决定派什么驷出来，但这就不是赛马，而是赛手气了。

孩子们太纠结了，他们的价值观遭到了严重的"碰撞"——一直以为理所当然的"孙膑聪明""要向孙膑学习"等观念受到了严重的挑战，干老师再次让他们选择。这一次只有几个同学认为可以，认为不可以的同学增多了，但还有一部分孩子哪次都没有举手，认为不知道是难于选择还是不知道该怎么做了。

"我觉得既可以也不可以。"一个女生站起来说，"他可以的话，是有点不公平；但不可以的话，那……"估计她想说，那田忌也赢不了了，但现在齐威王也是光环加持，再不能作为"笨蛋"来当冤大头了，所以虽然她很想让田忌孙膑赢，但还是觉得说不出口了。

"……不可以的话，就没有这个精彩的故事了。"干老师一句笑话，请她坐下，然后面对大家说："是不是都不知道怎么选了？觉得脑袋都晕了？"

孩子们都点头，因理解而释然。

"这就是我们这个单元说的——思维的火花。如果你能够把成见打破了，你的思维就上升一层了。"干老师鼓励同学们说。接着，大屏幕上又出现了新的观点。"这个问题不仅你们，就连历史上的有名人物都发生过很强烈的'碰撞'。这是历史上支持田忌和孙膑一方的，他们支持的理由来自孙膑的老祖宗孙武的《孙子兵法》。"

> 支持田忌和孙膑的——
>
> 兵者，诡道也。
>
> 故能而示之不能，用而示之不用，近而示之远，远而示之近。
>
> 利而诱之，乱而取之，实而备之，强而避之，怒而挠之，卑而骄之，佚而劳之，亲而离之，攻其无备，出其不意。
>
> 此兵家之胜，不可先传也。
>
> ——孙武《孙子兵法》

孩子们这段话读得很好。

这是专门对打仗来说的，打仗要用诡计，不用诡计赢不了。所以明明你很"能"，却要让敌人看到你"不能"；实际上要攻打，却装作不攻打；想攻打的是近处，却装作要攻打远处；要攻打远处却装作攻打近处……

对大将田忌和孙膑来说，赛马就像打仗，也可以用诡道，最后不也是赢了吗？

——对这种支持者的观点，你赞同吗？

很有意思的现象出现了，虽然有兵圣孙武加持，虽然干老师也很慷慨激昂地做了宣讲，但问孩子们赞同不赞同的时候，却没有出现毫不犹豫就举手的现象，相反同学们嘀咕得更多了。

当然，不赞同的也有。再来看不赞同者的观点——

清朝末有一个叫严复的人，他对战国以来的中国文化有一个著名的判词：

华风之弊，八字尽之：
始于作伪，终于无耻。

大意是说：中华风俗最糟糕的地方，我用八个字可以概括——始于作伪，终于无耻。开始于作假，最后就变得无耻。一个人是这样的，一个民族弄不好也是这样的。

可能严复这样的人认为，人们就是在战国时期，开始提倡那些作伪的行为，结果就变得没有羞耻感了。

当然这是严复的非常严重的批评和反省，是差的一面，我们也要看到，我们中华民族有很多传统美德，也有很多好的方面。

但田忌和孙膑的反对者用严复的话作为自己的观点，他们认为田忌和孙膑破坏了游戏规则。你赞同他们吗？

"赞同！"

令人惊讶，好几个孩子异口同声干脆地回应。

但干老师并不想要一个所谓的解读的"反转"，他更希望的是孩子们的思维能够更活跃地碰撞，能够更主动地表达。不过这些思辨训练看来还不是孩子们的日常，所以有同学倒是说"也没有破坏规则"，但终是少了几分明白阐述的底气和积淀。

不过这些都不重要，此时，虽然微小，但火星已经迸发。

干老师又补充了新的历史资料，让这思维的碰撞，这打火石的碰撞来得再猛烈些吧。

两则材料分别节选自《史记》和《战国策》，至此，这已经是本节课上同学们接触的第三段文言材料了，但学到这里，从孩子的朗读声中，可以听出他们的直觉感受是增强了不少。

《史记》：

成侯（邹忌）与田忌争宠，成侯卖田忌。

田忌惧，袭齐之边邑，不胜，亡走。

会威王卒，宣王立，知成侯卖田忌，乃复召田忌以为将。

《战国策》：

成侯邹忌为齐相，田忌为将，不相说。

公孙闬谓邹忌曰："公何不为王谋伐魏？胜，则是君之谋也，君可以有功；战不胜，田忌不进，战而不死，曲挠而诛。"

邹忌以为然，乃说王而使田忌伐魏。

田忌三战三胜，邹忌以告公孙闬。公孙闬乃使人操十金而往卜于市，曰："我田忌之人也，吾三战而三胜，声威天下，欲为大事，亦吉否？"

卜者出，因令人捕为人卜者，亦验其辞于王前。

田忌遂走。

这两段都讲了田忌在齐国后来的事情。前面介绍田忌的时候也提到，田忌后来逃到了楚国，一直等到齐威王死后，他的儿子齐宣王继位，才又重新被召回齐国起用。

这里更清楚地说明了田忌亡楚的原因：齐国的国相邹忌和田忌不和，但邹忌也不是坏人，对齐国的功劳不亚于田忌。作为齐国的肱股之臣，一个是将，一个是相，但他们的关系却非常不好。不过现在我们讨论的不是他们。我们讨论的是，田忌和齐威王是什么关系啊？（孩子们记得呢，是田氏本家，是亲戚。）可是邹忌只用了一个计策，即在田忌伐魏大获成功立下赫赫战功后，公孙闲派了一个人跑到市集上，公开去占卜说："我是田忌将军的手下，如今田忌将军三战三胜，名震天下，现在欲图大事（即谋反），麻烦你占卜一下，看看吉凶如何？"就这样拙劣的谣言，但齐威王就相信了田忌要造反了。

齐威王为什么会相信田忌要造反呢？

因为你在赛马的时候就使用过阴谋。你以往的行为决定你这个人是可靠的还是不可靠的，为了达到目的你可以不择手段，那么这就会破坏曾经彼此信任的关系。

所以支持方说：兵者，诡道也。这样结果下来……"卒得王千金"。

但反对方说：始于作伪，终于无耻。再看看结果吧——害怕了，最后逃走了。好端端一个国家最强有力的武将，却只能避祸他国，苟且度日。

这两种观点，你又赞同谁呢？

支持方	反对方
	华风之弊，八字尽之：
兵者，诡道也。	始于作伪，终于无耻。
卒得王千金！	田忌惧……亡走。

此时，大屏幕上黑白分明，左半边白底黑字的"兵者，诡道也"和右半边灰底的"始于作伪，终于无耻"壁垒分明，真是让人难以选择啊！

当然，难以选择的另一种表达就是"头脑中始终有两个观点在打架"，所以，干老师布置了一个题目：如果你愿意，你可以写一篇小论文出来，你的观点又是什么，为什么？

最后，干老师还奉送了一个话题：如果说这件事情真的做错了，那么错的是谁？是田忌还是孙膑？

——我告诉你，不是孙膑，是田忌。

——因为做决定的是谁？不是孙膑，是田忌。作为谋士，孙膑怎样出谋划策，都是可以的，都不用负责任；但是做决定的人要负全部责任。

——所以故事的标题必须是"田忌赛马"而不是"孙膑赛马"，所以齐威王要猜忌的是田忌而不是孙膑。孙膑始终是一个很好的谋士，是一个好军师，值得信任的军师。对军师，我们只要他聪明，但对大将，就必须要求他忠诚，因为他手中是握有军权的。也就是说，我们同敌人打仗可以用诡道，但对国家、对君王，则应该忠诚而不能作伪。

至此，课的思辨才告一段落。课后，干老师遗憾地说："最后我告诉孩子们的那个观点，本来也该充分地展开思辨，可惜没有时间了。任何观点只要是简单传授的，就没有太大的价值。"

第二辑

文字的味道

一生只够两句诗
——读《山园小梅》

菊花成为诗歌中的菊花，是由陶渊明奠基的。

"采菊东篱下，悠然见南山。"

没有对菊花本身做任何描写，但从此菊花就与隐逸结合在一起了。南山，菊花，东篱，一首诗里竟然有许多词语从此成为文化的密码，甚至改变了汉语诗歌的格调。

梅花成为诗歌中的梅花，是由许多诗人共同决定的。无数个诗人曾经为梅迷醉，一生痴爱，但如果一定要选出一个作为爱梅的代表，历史早在北宋就写下了答案：林逋。

他也许并不是爱梅爱得最热烈与痴狂的，但梅花成为隐逸高洁之士的象征，却是林逋用诗句和人生写就的。

"疏影横斜水清浅，暗香浮动月黄昏。"

一生只需要写出这样的两句诗，就可以不朽了，就算你想让世界把你遗忘在孤山寒村，世界也不肯答应了。

其实两句诗都已经太多，也许两个字就足够了：疏，暗。

据说五代南唐的江为曾留下两句诗："竹影横斜水清浅，桂香浮动月黄昏。"

这两句诗一句写竹，一句写桂。可是横斜并不是竹的特质，桂香的浓烈与月色也并不是十分协调。这两句话，最多能得七八十分。

但当林逋换上"疏"和"暗"，并用这两句诗来形容梅花的时候，突然它们就成了绝句，成了一百分的诗句。

桃花李花是浓密与热烈的，梅花也完全可以浓密与热烈，毕竟我们也曾用"香雪海"这三个字来形容梅花盛开的景色。

但是林逋说"疏影横斜"，于是梅花从此就疏朗起来了，就清瘦起来了，就虬曲横斜起来了。这不仅决定了梅花诗词，决定了国画中的梅花，而且同样也真实地决定了庭院中梅花的长相。

"疏影横斜水清浅"，本来总是和雪结合在一起向着世界呈现的梅花，现在解放了自己，不再依赖于雪，不再依赖于自己凌寒独放的个性。现在只要一汪清水，哪怕没有花，梅依然是孤独与骄傲的梅，是清瘦与美丽的梅。

"暗香浮动月黄昏"，梅香气并不浓烈，也无须浓烈，仿佛只为孤芳自赏，而除了每天守候着的爱梅者，那些匆匆忙忙的游客是无缘领会这一缕浮动的清香的。尤其是在月光之下，在昏黄之中，梅花的艳丽此时消失了，只有想象的美，只有想象的芬芳，只有隐隐约约的倩影，才共同构成了林逋诗句中梅花的形象。

其实这就是古代中国文人心目中的自画像，只是自陶渊明用菊花画出之后，林逋再一次用梅花画成。

今日为永无岛教室的少年们上梅花晨诵课，用的就是这首林逋的《山园小梅》。

休阳故址西厢群芳园有四棵梅花，梅下即是一池清水。园后是山，园外有沉寂的桃花、李花、樱花、杏花、海棠……

于是，干老师就带学生到梅树下学这首诗，仿佛园林工匠们几年的耕耘，就是为了此刻我们借风景来理解这首诗。

"众芳摇落独暄妍，占尽风情向小园。"

众芳是谁？此刻是何模样？看看周围凋零的万物，沉睡着的桃李。再看看这一棵红珠满树、数朵并放的梅，就知道什么是"独暄妍"，什么叫"占尽风情"。

疏影横斜？原来这一棵红梅只解释得了"众芳摇落独暄妍"，却解释不了"疏影横斜水清浅"。但那边还有一棵白梅啊，弯曲的树干，稀疏的枝条，零星的梅花，正好解释了这一句。

至于梅的暗香，就交给教室里瓶中的梅花吧，那是我前天特意剪下来送给他们的。

"霜禽欲下先偷眼，粉蝶如知合断魂。"

有人说霜禽是白鹤，我却宁愿相信这仅仅指冬天里的鸟。

林逋梅妻鹤子，梅花边栖息着白鹤，这固然很美，但是我宁可这样更朴素地理解：无知的鸟儿也被梅花的美所吸引，所以它们停下来歇息的时候，先要认真看几眼这美丽的花。

其实这几棵梅树上平时就有很多的鸟儿，只是我不知道它们是不是欣赏过这梅花。但诗人说欣赏，那就必定是欣赏了。

我让学生寻找蝴蝶，聪明的几个学生马上领会，这个季节不可能有蝴蝶啊。蝴蝶无疑是花的知音，但遗憾的是它们无缘和花中最为高洁的梅花相遇。

如果它们相遇了，如果蝴蝶知道世间还有这样的花与香，那又会怎样呢？这很值得写成一个童话故事：蝴蝶与梅花的柏拉图之恋。

这几棵梅花这么好，面对它们，我们可以做些什么呢？林逋认为可以做些什么，不该做些什么呢？

林逋是成年的隐逸者，所以他不需要音乐（檀板），不需要美酒与狂欢（金樽）。他是诗人，他可以凭诗歌和这一树梅花并肩而立。

但永无岛教室的少年们正青春年少，他们可以借林逋们的诗句，借姜夔们的音乐，借自己满腔的热血，做一切美好隽永的事情。

一个黎明，只是刹那，它留下些什么，或者什么都不留下，都并没什么关系。

只要梅花很好，诗句很好，这就够了。

深谙月理的《峨眉山月歌》

峨眉山月歌

〔唐〕李白

峨眉山月半轮秋，影入平羌江水流。

夜发清溪向三峡，思君不见下渝州。

青年李白的《峨眉山月歌》，简直就是四句大白话：除了一一罗列沿江而下的平羌江、峨眉山、清溪驿、渝州、三峡等五个地名，唯一的诗歌意象是老生常谈的月亮，李白笔下经常拟人化的月亮。"思君不见下渝州"里的"君"，也就是第一句诗中的"峨眉山月半轮秋"。

那么这首诗的意蕴，这样轻轻松松地就算是抵达了吗？

数百年后，苏轼在《送张嘉州》一诗中写道："峨眉山月半轮秋，影入平羌江水流。谪仙此语谁解道，请君见月时登楼。"

苏轼似乎想说，这首诗其实并没那么容易理解。想要更好地理解它，需要和"嘉州"这个地方的月相观察联系起来。

嘉州，也就是今天的乐山，嘉州郡下曾设有平羌县，人们把北起青神县，南至嘉州城的这段岷江称为平羌江。20多岁的李白仗剑去国，辞亲远游，他乘舟离开成都，停船休憩的第一个重要站点，就是嘉州。以前，人们水路出川的行程大抵如此，这是由河流和交通方式决定的。

依据地图指示的方位和月相的基本规律，我们可以知道，李白抵达嘉州的那天，应该是那年秋天的某月初七八。

"半轮秋"，可能是上弦月，也可能是下弦月。初七八，二十二三，都是半轮月，也称弦月——此时月亮的外圆弧像弓身，内侧像弓弦。

但"峨眉山月半轮秋，影入平羌江水流"，意思是说入暮之后月亮高悬在平羌江西面的峨眉山上，那这个时间就只能是上弦月。

初七初八的上弦月，正中午时月出，正子夜时月落。秋天入暮是在七八点，此时月亮已经渐渐偏西。从嘉州城边的平羌江上望过去，月亮理应在白日还能看见山影的峨眉山上。

而如果是下弦月，也就是农历二十二三，晚上二十四点时月出，中午十二点时月落，下午和前半夜，天空中是没有月亮的。

确实，对《峨眉山月歌》的理解，不仅与地理有关，还与月相有关。以往的解释，都只把重点放在地理上，但正如苏轼提醒的那样，也许解释此诗的奥秘，还应该重视月相。

"夜发清溪向三峡，思君不见下渝州。"诗歌的后两句，地点已经转换，从嘉州城来到了沿江而下一百多里的犍为县城，也就是诗歌中的清溪驿。清溪驿仍然是嘉州治下，也就是说，苏轼的那首诠释《峨眉山月歌》的诗，依然有效。峨眉山、平羌江、清溪驿，都属于嘉州。

依据行程，时间也已经转变，从第一日的入夜，转到了第三日的凌晨。从嘉州城到清溪驿，顺水而下正好一天行程，历史上许多人留下的日记都能佐证这一点。毕竟，这是一条极其重要、极其忙碌的出川水道。

在清溪驿停船睡了一晚，第二日，天还未亮，船夫就启程赶路了。"夜发清溪"，不是说晚上赶路，而是说天还未亮就出发了。"夜发清溪"，意思是从清溪驿出发。后面的两个地点（三峡、渝州）在诗歌中是作为尚未到达的远方而出现的。也就是说，《峨眉山月歌》的写作地点应该就是清溪驿，前两句是对前晚风景的回忆，后面提到的渝州和三峡，是需要再奔波很多天才能抵达的远方。

夜发清溪向三峡，此时新的起点是清溪驿，目的地是三峡。

前面我们说过："初七初八的上弦月，正中午时月出，正子夜时月落。"

也就是说，后半夜和上午的天空中是看不见月亮的。所以李白的小船凌晨启程时，是抬头不见明月的。"思君不见下渝州"，李白诗歌的妙处，就是把这个"不见"和"下渝州"毫无理由地扭在了一起。本来明明是摸黑赶路，现在却变成了对身后家乡的怀念，和对道路远方、人生前程的热切向往。

"夜发清溪向三峡，思君不见下渝州。"既然三峡还远，那么就先到渝州吧。诗人对远方的热切，在两个地点的倒置中，巧妙地呈现出来了。

《虞美人·春花秋月何时了》别解

　　虞美人，原指一位美女：楚霸王项羽"有美人名虞，常幸从"。也可能她姓虞而非名虞，所以后人称她虞姬。楚汉争霸，四面楚歌后项羽完败，自觉无颜见江东父老，然而霸王别姬之际，虞姬先别霸王而自刎……民间便传说那摇曳的美丽小花是虞姬鲜血所化，称之为虞美人。

　　由此，"虞美人"这个词牌，生来就带有美丽、哀伤、脆弱、无常的基因。李煜用它写自己的身世，最是贴切，更为"虞美人"这三个字赋予了孤绝的美丽和深沉的悲哀。

虞美人

〔南唐〕李煜

春花秋月何时了，

往事知多少。

小楼昨夜又东风，

故国不堪回首月明中。

雕栏玉砌应犹在，

只是朱颜改。

问君能有几多愁，

恰似一江春水向东流。

历史上对这首词的诠释，一般把它说成是李煜的绝命词，而且往往还加上很丰富的细节。但正如大多数诗歌故事都经不起推敲一样，这个故事多半也是好事者的附会与杜撰。这首词可靠的背景是另一首《虞美人》，它们显然写于同一时期，作者有着相同的生存处境。它们都是李煜亡国之后，在异乡怀念往昔的抒情之作。

　　但李煜思念的究竟是什么？只怕并非世人想当然以为的王位和权力。

　　如果李煜缅怀的是王位和权力，那么这首词也就不可能拥有打动一切读者的感染力。只有它吟唱的是所有人内心深处同样存在的命运与情绪，才能让每一个读者在这里找到寄托，读到自己内心深处也固有的悲欢。

　　是的，哪怕是没有悲欢离合经历的年轻人，同样有着对悲欢离合的同理心、同情心。某些处境是人类的根本处境，谁揭示这样的宿命，描绘这样的处境，谁就是人类的歌者。所以王国维说："尼采谓一切文学，余爱以血书者……后主则俨有释迦、基督担荷人类罪恶之意。"

　　我参考并借用尼采、海德格尔、阿伦特等人创造的文化词语，把这首词里的意象分为三类：

　　　　春花秋月，自然物的永恒轮回；
　　　　雕栏玉砌，以筑造物对抗流年；
　　　　朱颜愁绪，终有一死者的觉悟。

　　春花秋月，也就是自然本身。自然的特征是永恒，或者说永恒轮回。花会枯萎凋零，但一个轮回之后，还将开放。宇宙间充斥着这样的现象：太阳下山又升起，白天与黑夜永无休止地循环；寒冷与炎热的交替，四季轮回；草木枯荣，花开花谢；候鸟随季节迁移；潮起潮退；星辰在夜空中的运动……一切现象中最触目的是月亮，它以每天显著的变化，每个月显眼的循环，完美诠释了什么是永恒，什么是轮回。永恒的恒字，本字

"亘（亙）"，就是天地间一轮明月圆缺循环的形象。

所以，相对于人，天地草木是不死的，是永恒的，"春花秋月何时了"，事实上它们没完没了，永不中止。天地草木在循环中变化外形，它们的变化惹动人心，但它们的永恒轮回却是绝对无情的——正因为绝对无情，所以它们才能毫无差异地循环往复，永恒轮回。

春花秋月，是无历史的永恒轮回。在这些超出时间的永恒者面前，人就是历史的书写者，或者说唯一的有历史者。有历史，也就是说人有起点和终点，起点和终点之间是一条单方向的射线，而不是永恒轮回者们的圆环。

只是朱颜改，朱颜被岁月改得面目全非，这是不可逆转、无法挽回的。虽然年轻一辈在时间中绽放出新的朱颜，但这和春花秋月的永恒轮回完全不同。因为此花与彼花乃是同一个生命的两次显现，即使返回的燕子已经不是去年的那一对，也仍然是相同的基因密码在重复着注定的程序。但没有一个人可以替代另外一个人，既不能代替他死，也不能代替他人生过程中的任何一次觉悟。他对自己朱颜改的感慨，有些完全不同于别人的记忆。在他的朱颜记忆里，是他独一无二的爱恋与悲伤——而这种独一无二，又恰恰成为人类共有的体验。他们意识到自己和别人都是独一无二者，都是孤独者，都是终有一死者，都是迷茫中寻找着意义、虚空里创造着意义的彷徨者。

所以人类注定要做点什么，来超越短暂的一生，超越周围自然物的永恒轮回。"雕栏玉砌应犹在"，雕栏玉砌，就是人类创造物中最典型的事物。在一切人类用以超越偶然与短暂的事物中，建筑是最具代表性的，而宫殿与庙宇，又是建筑中的代表。把帝王们致力于营造宫殿、长城、运河、道路，理解为满足自己的享乐，基本上是贬低帝王们曾经有过的雄心，或者说，是一群渴望享乐的人，在怀疑少数追求不朽的人。

是的，人类最高的追求是不朽。帝王、圣人和僧人是追求不朽的代表人物。他们或者已经满足了各种低级的需求，或者超越了一切基础需求，所以最能去思考较高层次的需要：美，崇高，不朽……

秦始皇这三个字就是追求不朽的明证，没有建成的阿房宫也是。

所以，"雕栏玉砌"是美的追求，也是不朽的追求，二者皆是终有一死者对自己宿命的抵抗。

小楼，仅仅是遮风避雨之所，但雕栏玉砌和故国，则是有意无意追寻不朽的遗迹。这些都是人类在大地上为自己和后人留下的证据。我们热衷于为每一栋楼、每一个宫殿命名，因为通过命名，每个生命的独一无二性就得到了进一步的保证。

但是，至少对于李煜来说，这样的努力失败了。秦始皇没有看到自己建立的皇朝不久后的动荡与覆灭，而李煜则自己见证了国家与宫殿的拱手相让。亡国之君失去的不仅仅是国土和宫殿，而是曾经存在、曾经为之努力的一切化为了尘土。

人的努力，对不朽的追求，终于败给了春花秋月的永恒轮回。而春花秋月的永恒轮回，仿佛成了对失败者的嘲讽，一遍遍没完没了地提醒着。

"故国不堪回首月明中。"李煜有故国，我们有故乡、故土，或者童年的秘密花园、永无岛。

李煜有雕栏玉砌，我们有各自事关青春的美丽记忆，我们的老地方，我们的伊甸园。

即使李煜没有亡国，他也只是在以坚固的宫殿欺瞒着自己。或者说，恰恰是因为亡国，让李煜成为一个谎言的发现者、戳穿者。

"问君能有几多愁，"问题不是有多少，而是为什么。

当终有一死者意识到哪怕最牢固的建筑也不过是人类的自我安慰，在无边无际自然物的永恒轮回之中，人作为唯一对死亡有意识的生灵，怎么能够没有忧伤、没有悲哀？

最让人疑惑的是那一江春水，它们似乎也是单方向的射线，却又绵延不绝、无穷无尽。

当然，山水不过是次于天地的长久者，沧海桑田，它们也依然不过是自然物的永恒轮回。

面对无情又无义的世界，面对天地草木的永恒轮回，面对试图通过筑造创建不朽的破产，终有一死者何以自处？

诗人不是哲学家，他只提出问题，不解决问题。试图解决问题的诗人很可能因此既丧失了诗意，又思考得很蹩脚。

评判一个诗人优劣的，是所提问题的敏感程度、普遍程度和深刻程度。李煜和他的《虞美人·春花秋月何时了》显然在三个维度上，都抵达到了诗歌的极限。

也许到最后，只有伟大的诗歌，才超越了春花秋月，超越了雕栏玉砌，超越了家国与长城，成为历史或故事里唯一的不朽者。而伟大的诗人，也借此超越帝王与将帅，成为极少数的不朽者。

细读《春江花月夜》

自闻一多先生的《宫体诗的自赎》一文问世以来,《春江花月夜》的地位已经难以撼动——但与其说是它在唐诗中的地位,不如说是它在我们今天这些诗歌阅读者心目中的地位。

"孤篇压全唐"不知道是谁的评语,作为一首在整个唐代基本上完全被遗忘的诗歌,《春江花月夜》的"压全唐"不可能是历史事实,而仅仅是在部分今人的眼里,它可以压倒全唐,是第一流乃至第一名的诗。

《春江花月夜》一诗由被遗忘冷落到盛誉迭起的接受史,程千帆先生在《〈春江花月夜〉集评》和《张若虚〈春江花月夜〉的被理解和被误解》这两篇论文中有过细致的分析。

闻一多先生之后,美学家李泽厚在《美的历程》中,蒋勋在《蒋勋说唐诗》中都对此诗有过分析。其中李泽厚先生用的是整体把握的方法,蒋勋先生用的是逐节讲解的方法,而闻一多先生既有宏观的把握,也有局部细节的分析。应该说几位美学家都有着敏锐的美学嗅觉和深厚的美学素养,为我们理解此诗做了重要的前导。

但即便是闻一多先生和蒋勋先生,在对诗歌的细读中仍暴露出一些不足。我进而认为,他们的细读仍然是基于整体感知下的印象分析,而并未真正对诗歌的语句和结构进行细读、分解以及综合。

譬如在解读"江畔何人初见月?江月何年初照人?人生代代无穷已,江月年年只相似。不知江月待何人,但见长江送流水"等句时,闻一多先生说:"在神奇的永恒前面,作者只有错愕,没有憧憬,没有悲伤……诗人与'永恒'猝然相遇,一见如故,于是谈开了。"

而在接下来的解读中,闻先生又说:"他分明听见她的叹喟:'此时相望不相闻,愿逐月华流照君!'他说自己很懊悔,这飘荡的生涯究竟到几时为止!'昨夜闲潭梦落花,可怜春半不还家。江水流春去欲尽,江潭落月复西斜!'"

也就是说,在闻一多先生那里,诗人张若虚就是扁舟子,此诗就是张若虚真实流浪中的所见所思和真情流露。而且他也就是那"昨夜闲潭梦落花"的当事人。可是我们分明感觉到,"昨夜闲潭梦落花"这一节,更像以女性的语气和视角创作的。而对《春江花月夜》这首乐府诗的题材的理解,又让我们可以确信,不应该简单地把诗中的扁舟子理解为张若虚本人。这一点,下文将更为细致地分析,并且有足够的证据。

蒋勋先生也把此诗理解为张若虚的真实经历,他说:"张若虚是一个文人,当时他走到北马南船的交界,看到了春天,面前是长江流水,又刚好是月圆之夜,花也在开放。"

在后面的解读中,他把"谁家今夜扁舟子"理解为张若虚看到一个人划着一叶扁舟过去,所以发出此问,把"白云一片去悠悠"也理解为张若虚眼中此刻看到的风景。和闻一多先生不同的是,因为把扁舟子理解为眼前风景,所以接下来的"明月楼"上的"相思女",也就不再是诗人的爱人,而成了他想象出来的"扁舟子"可能存在的"爱人"。但是奇怪的是,他同样把"昨夜闲潭梦落花"等句,当成诗人自己的真切感受,于是后面的归去也就成了诗人自己的心愿,扁舟子和相思女,仅仅作为触动诗人情绪的道具,在诗中一闪而过了。

且不说两位大家的解读有着不可调和的矛盾,而且各自都还不能够自圆其说。类似这样的解读都不能够把整首诗中的每一句诗归位,并呈现为一个和诗句同样精致的结构。也就是说,在大家的解读中,《春江花月夜》成了一首每一句极其精致,但整体结构却随意松散,有妙句无佳构的诗作。

而本文的解读将显示,《春江花月夜》是一个结构精致、构思严谨的作品,全诗每一句都"听从"作者的叙述安排:诗句服务于节意,节意服务于段意,段意服务于诗意。

首先,只要澄清《春江花月夜》的诗歌体裁,并坚守住这一点,便能够为我们解决许多初级问题。

《春江花月夜》是乐府诗,"春江花月夜"五字,不是张若虚自己拟定的题目,而是乐府旧题。分析所有以此题为名的诗作,我们可以清楚地知道,它要求用春、江、花、月、夜这五个题材作为诗歌的内容,也就是说,诗歌不仅必须含有春、江、花、月、夜这五个元素,而且这五个元素还必须是诗歌的主要元素,至少从表面看起来,这样的一首诗应该就是在写春、江、花、月、夜。

在这五个元素中,只有花、江和月三个是具体可见的景象,春和夜则是两个表示时间的名词。在一般的诗词中,"春"可以和"花"结合成互通的符码,"夜"则可以和"月"组合在一起。为了分析方便,下文将只分析张若虚版《春江花月夜》中的花、江、月这三个元素。

先做一个简单的统计:诗歌依据韵脚共分九节,第一至第四节全写到"月",其中第二节还写到"花",第一、三、四节还写到"江";第六至第九节全写到"月",其中第八节还写到"花",第八、九节还写到"江";如果把"扁舟子"与"青枫浦"也算作"江"的暗示,把"明月楼"理解为写"月"的话,那么第五节也算是写到了"江"和"月"。这是一个极其粗浅的分析的预备工作,但确实从中可以看到,张若虚是严格地按照《春江花月夜》的这首乐府诗的规则来写作的。

于是一个疑问随之而来:这样一篇严格遵守规则的"命题作文",怎么可能会同时是诗人的一次真实经历?就像当贾岛在推敲应该是"僧推月下门"还是"僧敲月下门"的时候,就表明并不存在着一个僧人在推一扇门或敲一扇门,而只是用词语的符码在营造意象、构筑意境而已。张若虚的这首诗同样不应该理解为他某一天的所见所思,而是在这首诗里,把他以往生命中的观察、思虑、创造融合在一起,进行了一次词语、意象和诗意的新创造。

也就是说，我们最好不要把张若虚理解为那个思念爱人的扁舟子，也最好不要把他理解为看到一个扁舟子而想到另一个并不存在的相思女子的"江边观察者"。甚至，"春江潮水连海平，海上明月共潮生"等景色也不应该规定为就是张若虚的"眼睛"在看。进而，我们质疑：为什么一定得是从张若虚本人的角度，提出"江畔何人初见月？江月何年初照人"的问题呢？

是的，小说或戏剧中人物所提出的问题，所抒发的情感，在相当程度上总是与作者密切相关，甚至有时直接就是作者自己心意的表达，但这和我们同时把它理解为"贾宝玉""贾雨村"们在具体场景中的思想与情感是并不矛盾的。

理解《春江花月夜》是一首乐府诗，它是一篇诗歌中的"命题作文"，是严格按照既定规则的要求来写，在"春天的夜晚"铺陈花、江、月这些景物，我们就能够把作者和诗歌的关系澄清一些：是作者写了这首诗，但不是作者在那一刻看到了这些景物，更不必理解为作者就一定是诗歌中的人物；而诗歌中的情感，也可以理解为并不是作者本人在直抒胸臆。

以上分析为我们更好地理解《春江花月夜》解开了诸多束缚。现在，我们可以从它是一个由张若虚创作的虚构性文本来重新理解此诗了——而且可以强调一点，从虚构性文本入手而得到的解读，并不妨碍有人依然把它理解为事实之真：无论是理解为全诗即张若虚所见，或者认定扁舟子即张若虚本人。

前面我们已经分析，诗歌的每一节几乎都是在紧扣着春、江、花、月、夜这五个元素在写。但严格地讲，其中第五节的"明月楼""扁舟子""青枫浦"等意象虽然与"江"和"月"有关，但显然意不在此，它真正要写的是"扁舟子"和"相思女"这两个人物。而且绝大多数读者会完全赞同：此后数节就是从"相思女"的角度来写的。但是，究竟哪些诗句是从相思女的角度来写的，哪些不是呢？这一处以前的大家名流，多半也有明显的误读。还有，难道就没有诗句是从"扁舟子"的角度来写的吗？

　　我以为，解开这些问题的关键，正在第五节。且让我们再来细读第五节：

　　　　　　白云一片去悠悠，青枫浦上不胜愁。
　　　　　　谁家今夜扁舟子？何处相思明月楼？

　　许多读者因为不理解这首诗的整体结构，所以在误读的基础上，对本节前两句提出了质疑：明明前面说"江天一色无纤尘"，怎么这里又说"白云一片去悠悠"呢？明明前面讲"月照花林皆似霰"，怎么这里又讲"青枫浦上不胜愁"呢？

　　其实，"白云一片"这两句，乃是和后面的"谁家今夜"这两句构成一个整体：前两句描写的是"扁舟子"和"相思女"当初分手时的情景，后两句则是写诗中的此刻，分别已久的两人相互思念的情景。而且这四句主要是从相思女的视角来叙述的："白云一片去悠悠"，写的是扁舟子仿佛一片白云，离开爱人和家乡，悠悠远去，再无回首；"青枫浦上不胜愁"则是写眼望爱人乘舟离去，相思女站在分别的地点"青枫浦"上，不胜忧伤。然后时间拉回诗歌中的此时此刻——要把"谁家"和"何处"当成诗歌中常见的"互文"来理解，也就是说，这两句若从相思女的角度来讲，就是在无对象地追问：我家的浪子此刻又在何处漂泊呢？

　　我们发现，两联诗中的前两句"白云一片去悠悠"和"谁家今夜扁舟子"都是从扁舟子的角度讲的，而后两句"青枫浦上不胜愁"和"何处相思明月楼"则是从相思女的角度讲的。而后面几节，正是承"何处相思明月楼"，从相思女的角度来描绘和刻画的。那么难道这一节不会正好是承上启下，即前面从扁舟子的角度来写，而后面从相思女的角度来写的吗？

　　抱着这个问题重读前四节诗句，我们完全可以肯定：把前面的全部诗句都理解为是从扁舟子的视角来描绘，把那些问题理解为从扁舟子的角度来追问，至少是不存在语句上的抵触的。也就是说，即使诗句不能证明确实是在写扁舟子的所见所思，是从扁舟子的视角在写，它也不能证伪这一猜测。当然我们后面的细读将会为以上的新解读提供更为可靠的论证。

假如我们暂时先接受这一新的解读，那么《春江花月夜》全诗的结构就十分清晰了：诗歌的前四节是以扁舟子的视角来写；第五节承上启下，从扁舟子视角过渡到相思女视角；第六节至第八节是以相思女的视角来写；第九节是总合，但考虑到全诗起于扁舟子，所以也结于扁舟子，仍主要是从扁舟子的角度来写的。

但诗人是怎样来写相思女和扁舟子的呢？正如前面已经确定的，诗最表层的内容是"春、江、花、月、夜"这五个元素，那么自然也应该是用这五个元素来写相思女和扁舟子——正因为性别或角色的不同，所以他们眼中的"花、江、月"便有了明显的不同。假如诗句细读支持这种整体把握，那么也就能为前面所做的结构分析提供有力的证据。

我们先来看"花"这一诗歌元素。从扁舟子视角写花的是第二节：

> 江流宛转绕芳甸，月照花林皆似霰。
> 空里流霜不觉飞，汀上白沙看不见。

关于这几句，首先需要澄清一个字面上的误解："汀上白沙看不见"不应该理解为沙是白色的，更不能据字面理解为看不见沙子，而应该理解为在月光下沙滩呈现为白色，分辨不清它原来的颜色。同理，前一句"空里流霜不觉飞"用现代科学的说法，空气中是没有流霜的，在月光下能看见的，就是江海水面上弥漫的薄雾，但这究竟是月光还是流霜（薄雾）呢？诗歌说：不觉飞、看不清。和白沙、流霜（薄雾）同样看不清的，还有"花林"——开满鲜花的树林。花本来是五彩缤纷的，至少是色彩鲜艳的，但在这里，一切笼罩于月光下，一切被月光所统治：月色褫夺了天地间万物的一切颜色，只留下"江天一色无纤尘"的纯净世界。

这一段始于写花，又写了江雾和汀沙，但事实上真正突出的只是月光和它完全的、彻底的统治。这是一个过滤了色彩、情感、温度的形而上的世界，一个"无情"的世界，一个"无人"的世界。我们不妨把这一描述的视角称为"男性视角"。

从相思女视角写花的是第八节：

> 昨夜闲潭梦落花，可怜春半不还家。
>
> 江水流春去欲尽，江潭落月复西斜。

因为相思女当时是在楼里，所以没直接看到花，诗歌就讲到她梦里的花——不是当下时节的花，而是下一个时节的落花！

依照诗歌创设的情境，这个夜晚应该是被设定在二月十五，这正是鲜花盛开的季节，是春半，也就是盛春。但为什么不写盛春之花，却荡开一笔去写落花呢？

因为正如扁舟子的花服务于月一样，相思女的花同样不是目的本身。但相思女的落花不是服务于月，而是喻指自身，自己美丽而短暂的青春。

所以两句诗连在一起，就是：我美丽的生命正如潭边的鲜花一样绽放着，白白地绽放着，寂寞地绽放着，半个春天过去了，可你依然没有回家，你在哪里漂泊？你为什么要去游荡？你再不回来，花就要凋谢，我最美丽的年华也一样正在流逝。

在此基础上，或说在此基调上，后面"江水流春去欲尽，江潭落月复西斜"两句的意思就是被规定的：相思女没有直接看到江水，她想的是春天像江水一样在流逝，一个春天就快过去了，而月亮落下去，又一个寂寞的夜晚在无眠中流逝了。

"江水流春去欲尽"的只能是春天，而不是江水，而诗中惜春的显然是相思女而非扁舟子。也就是说，我们认为，这一段的视角只能归于相思女名下，这和某些解读相左。

正像在扁舟子那里，一切服务于永恒的月光一样，在相思女这里，一切的中心是她自己短暂而美丽的青春，写花，写潭，写江，写落月，都只是围绕着这一点旋转。我们不妨称这一点为"女性视角"。

再来看"江"这一诗歌元素。

相思女视角的"江"前面已作分析，她并未站在江边，江不是眼前的风景。对她来说，江是送走她爱人的那条江，是她青春岁月不觉流逝的一个隐喻；对她来说，江不是她眼里壮阔的风景，不是她向往的远方；对她来说，江是某个具体的地方，是青枫浦边的河岸和流水。

而她日常更多时间面对的，是"潭"，是虽然和江水相连着，但属于家园的潭：闲潭、江潭……

在扁舟子的眼中，江则要复杂得多：

> 春江潮水连海平，海上明月共潮生。
> 滟滟随波千万里，何处春江无月明。
> ……
> 江天一色无纤尘，皎皎空中孤月轮。
> 江畔何人初见月？江月何年初照人？
> 人生代代无穷已，江月年年只相似。
> 不知江月待何人，但见长江送流水。

这是波澜壮阔的入海之江，是川流不息的滔滔长江，也是月映千川的抽象之江。

但是，无论这江多么雄浑，在诗中它仍然只是月亮出现的背景：这一轮永恒之月的出现，需要一个磅礴的场景，江天一色、江海相接，然后，主角出场了。

请记住，在扁舟子的思想里，月亮并不只是高悬于这一条长江之上；自己扁舟所在的长江口，无非是无数江海湖泊中的一处而已。

这是从空间或风景上来分析长江在诗中的地位，而在时间上也同样类似：相对于短暂的人生，长江近乎永恒；相对于永恒的明月，长江又只是一个过客和配角。在这里，代表永恒的是"明月"，而流淌着江水的长江，和流逝着岁月的人生，则分别站在不同的时间里，拥有着各自的历史性。

事实上我们已经在分析全诗最主要的一个诗歌元素"月"了。

月，无疑是扁舟子视角里的绝对中心、绝对主角（在它面前，一切皆是配角，不存在第二主角）。它的出场便气象万千："春江潮水连海平，海上明月共潮生。"

有了这样的磅礴气象还不够，似乎还嫌它逼仄，所以紧接着写："滟滟随波千万里，何处春江无月明。"这完全不是目光之所及的月亮，而是无限想象之所及的明月。

在月色粉平了天地万物，统一了宇宙间的色彩之后（第二节），第三节"江天一色无纤尘，皎皎空中孤月轮"这两句定格了唯一的主角与场景。在此基础上，扁舟子或说张若虚的天问开始了："江畔何人初见月？江月何年初照人？"

今天我们有了进化论的知识，知道人类的历史其实只有数万年，所以我们可以给出一个明月和人类初遇的大致年代；但对张若虚或扁舟子们则不然，无论有多少神话传说（譬如月亮源于盘古的一只眼睛，而人类源于女娲抟土造人），都无法真正安慰一颗追问宇宙时空及永恒问题的心灵。

诗中的这两个问题如果换一种问法，那就是：人类存在了多久？长江存在了多久？明月又存在了多久？在绵延的历史中，哪一个人和"我"一样，第一次在明月之下追问永恒？

说起"永恒"，《道德经》第一章的原文本是"道可道，非恒道"，后来因避汉文帝刘恒的讳，才改"恒"为"常"。而"恒"的远古写法就是"亘"，繁体作"亙"，就是用天地之间的一轮月亮来表示：是"江天一色无纤尘，皎皎空中孤月轮"，是月亮在天地之间不息地圆缺轮回。

是的，从"亙"这个汉字我们可以确信，中国先人面对明月追问永恒由来已久。

表面来看，"人生代代无穷已，江月年年只相似"这两句中，月亮和人的命运也差不多：人生代代相替，月亮阴晴圆缺。

但是对人来说，自己的死亡是绝对的终结，这是人的有限性和历史性的明证，并不是其他人的出现可以替代的。

所以真正无穷已的只是月亮，人只不过是看起来相似，每一个个体都无法替代，都只此一次、独一无二。

由此，每一个短暂生命面对永恒之物的焦虑、迷茫、急切，也就成了与生俱存的终极之问。

"不知江月待何人"，其实长江和明月从来就没有等候过谁，哪怕你写出了永恒不朽的诗句，它们也只是无情地高悬，无情地流逝。短暂生命究竟在何种意义上能够获得永恒，这个问题绝无答案，或者答案仅仅只是"但见长江送流水"。

既然面向茫茫宇宙的追问得不到任何回应，那么出路就只有两条：或者继续向着这个方向前行，甚至纵身一跃，成为庄周、佛陀、慧能式的人物；或者就此回头，珍惜当下，珍惜短暂而温暖的人，譬如爱人，那思念着自己的爱人。所以，由一个永恒追问转到"何处相思明月楼"并不生硬与突兀，这恰恰是诗歌逻辑使然。

以上是扁舟子视角的"月"，而对相思女来说，"月"始终不是作为永恒之物向自己现身的。对她来说，明月首先是一个惹祸的家伙，本来她可以安眠，正是明月惹得她彻夜难眠：

> 可怜楼上月徘徊，应照离人妆镜台。
> 玉户帘中卷不去，捣衣砧上拂还来。

诗句的意思，是不能简单用词语来直译的，譬如要理解"玉户帘中卷不去"这一句，门帘只能是放下才能部分地阻拦月光，卷起来当然不可能阻拦这恼人的月色，而相思女也不可能傻乎乎地真去拂拭捣衣砧上的月光。这些都只是诗歌的"符码"，是对一个女子的刻画——甚至这种刻画过于刻意，以致留下些漏洞。玉帘，暗示着女子的华贵与美丽；那么美丽华贵的女子，本不太可能自己去捣衣，但"捣衣砧"早就成为思妇的象征之物，甚至是思妇的"标配"，所以诗人也就自然而然地用上了。

既然无法阻拦月光，那就把它当成寄托相思的工具吧，于是转而她说："此时相望不相闻，愿逐月华流照君。"

她愿意化为月色，流布大地，照到自己漂泊在外的爱人身上。但是这也只是奢想，最终只能是"鸿雁长飞光不度，鱼龙潜跃水成文"。

"鱼""雁"，早已经成为寄托相思的传统符号，月光，才刚刚在这首诗里被纳入"通讯系统"。但这两句的关键是"光不度"一语，不仅仅是光不度，而是什么都未能度：鱼龙潜跃，水波整夜白白地写着书信——就像"我"的心情，而鸿雁则是徒然飞过，没有一个事物，可以把"我"的思念带到他那里。

显然，同一轮明月，在相思女这里有着完全不同于扁舟子的意义。在她这里，月光是具体的，是眼前的，是和春天的花、夏天的蝉一样，不能抽象为永恒的符号的。

她要的不是永恒，而是当下的温暖。

如前所述，在本次解读中，这首诗的缘起锁定为扁舟子，是他站在长江入海处的一叶扁舟上，望见"春江潮水连海平，海上明月共潮生"，是他在追问天地悠悠、永恒何在。然后在"追寻永恒而无望"的情绪中，他想起他的爱人，那必定深深思念着自己的爱人。

所以从结构上来说，写扁舟子和相思女的两部分，不仅仅是前后承接的关系，有了最后一节，二者更是包蕴的关系。即相思女的情形，是扁舟子自己所思及的，正是思及相思女此时此刻的情景，所以他动摇了，完全地转变了。他要让自己的小舟转换一个方向，自己的人生转换一个方向，就此回到爱人的身边去。这就是最后一节的内容。

如前所述，这首诗是命题作文，又多采用传统诗歌符号进行创作，我们既不能拘泥，也不必拘泥。譬如最后一节说"碣石潇湘无限路"，结合前文的内容，我们可以断定，诗歌设定相思女所在的地方即"潇湘之地"，这也和前面的"青枫浦"相吻合。

而扁舟子究竟是在碣石还是在长江入海口呢？考虑到古人惯用的借代之法，此处的碣石应该理解为东面的大海之边，而不能理解为北方那个叫碣石的地方（但显然诗歌里有曹操"东临碣石，以观沧海"的影子在）。综合来说，诗歌设定扁舟子此时所处的位置，只能是唐朝长江的入海口，扬州和镇江之间的江面兼海面上。而所谓碣石，也就应该是镇江著名的三座石山：金山、焦山、北固山。这个时候，崇明岛还是小沙洲，而这些碣石，也应该还多半矗立在长江中。

这一带正好就是张若虚的故乡——这也可以证明扁舟子并非张若虚本人，相思女并非张若虚的爱人。既然此刻想回潇湘去的不可能是张若虚，而只能是诗歌中的扁舟子，那么诗歌中的诸种情感，若不是设定为扁舟子所发，就显得非常突兀、龃龉不通。只有从扁舟子的视角来理解全诗，才能够一气呵成，不再存在任何突兀与龃龉。也只有这样，这首诗才能真正统一到最后一句诗中的那个"情"字上。由男性之"恒"，到女性之"思"，再合而为"情"。做个凑巧的比附，就是男性视角的"亘"字，加了女性视角的"忄"（心），而统一成了"恒"字。

《春江花月夜》全诗的主题和结构，不禁让我想起法国当代文学名著《小王子》。有人说那只是一部童话，我却以为《小王子》是一部严肃的存在主义小说。如果我们把扁舟子当成"小王子"，把相思女当成"玫瑰花"，那么这首初唐的诗歌，就和这部法国的当代童话小说不仅主题相似，而且结构相近。也许这种跨越时代与国界的相似并非偶然，倒可能恰恰是它们作为杰作的共同特征。

除《春江花月夜》之外，张若虚仅存的另一首诗是《代答闺梦还》，诗开篇就说"关塞年华早，楼台别望违"，我们仿佛看到，本诗呈现的同样是一个游子和一个思妇的结构，而且这同样是借别人的角色和故事，存放自己的才情与诗意。

而且我将不得不诚实地指出，张若虚的《春江花月夜》分明是在向另一个时代的另一位诗人致敬，而这个人的名声非常不好，他就是隋炀帝杨广。杨广写过这样两首《春江花月夜》：

其一

暮江平不动，春花满正开。

流波将月去，潮水带星来。

其二

夜露含花气，春潭漾月晖。

汉水逢游女，湘川值二妃。

难道前一首不正是张若虚版《春江花月夜》中扁舟子那部分的雏形？难道后一首不正是张若虚版《春江花月夜》中相思女那部分的原型？

是的，我认为张若虚就是创造性地把杨广的两首《春江花月夜》糅合到了一起，并分别赋予一个真诚、鲜活的角色，进而创造出一首绝非原来两首好诗加起来所能相提并论的伟大杰作。

所以这不仅是一篇诗歌中的命题作文，而且还是创造性模仿的作品，而正是在这样的重重限制之下，张若虚凭他的天才依然完成了普通人所难以想象的"不可能的任务"。但如果联想到《千字文》的故事，那么张若虚版《春江花月夜》的杰出也就还不算太离奇。

诗歌本就是重重限制下的语言艺术，这重重限制下的不得不为，在张若虚之后一一登场的盛唐诗人们看来，是不免做作了，是不免拘谨了，所以不久之后，他们便勇敢地把这首精雕细琢的诗歌抛在了身后，并慢慢遗忘了。

但经过岁月的酝酿、存放，当这种诗消除尽它当年的匠气之后，这些神秘的符码和精巧的限制，对我们而言反倒成了一种迷人的诗意，一如李商隐的象征主义诗句一般。甚至诗中明显不够成熟与圆融的地方，也被一些人当成有意为之的诗艺而反复玩味。

也许在张若虚的年代，率性的个人抒情之作还没有足够成熟、足够流行吧，就像唐末宋初的词一样，词人们还需要通过刻画另外一些形象，才能寄托自己的才思与情意。

至少我们从张若虚仅存的这两首诗能够分明看到他还生活在"宫体诗"的遗风里，虽然时代的气息与他人生的格局里早已经暗暗透出大唐的气象来了。

张若虚版《春江花月夜》，既是宫体诗中优秀者的集大成者，也是唐朝诸多诗风的起源之处。正是这种深沉的混合，使得这首诗显现出难以破译、咀嚼不尽的神秘来。

细读《养生主》诠庖丁解牛

【干说】

在《逍遥游》中，庄周用诗意的形象描绘了生命不同层次的境界。生命的最高境界是无待，是至人，是磅礴万物而为一。后面《庄子·内篇》各篇的核心思想，在《逍遥游》里都已经有所表达。

在《齐物论》中，庄周顺着"磅礴万物以为一"这一认识的最高境界，进行了一番艰难的言说——文章核心思想之一，本就是指出语言的有限性：语言，是认识万物的道路，但它最终只是指向，而未能通达。理解语言指明与遮蔽的二重性，就是理解《齐物论》的关键处。

《养生主》不可能逆《逍遥游》指出的生命境界，仅仅为了保全生命，而去追求苟且偷生，追求后世意义上的"养生"。

庄周一直很清楚，肉身固然值得珍惜，但它毕竟脆弱无常，追求肉身，不可能有什么超越，更不必说与永恒为一。

所以，《养生主》的要义，依然是超越物我之分、万物一体的大道体验。

【原文】

吾生也有涯，而知也无涯。以有涯随无涯，殆已；已而为知者，殆而已矣。为善无近名，为恶无近刑，缘督以为经，可以保身，可以全生，可以养亲，可以尽年。

【干说】

此处总起论述，至为紧要，意译一下：

"我的生命有限，而可以去认知的事物无限。用我的有限之生命，去追逐无限的事物，去加以认知，危险了啊；那已经在追逐外物、企图认知万物的人，危险了啊。如果你做了别人认为善的事，当心因此得到好名声；如果你做了别人认为恶的事，当心因此被世人惩罚。坚持避开善恶、奖惩，坚持缘着善恶之间的中道走，这样才可以保全这身体，才可以保全这生命，才可以不让父母亲人为你忧虑，才可以安然度过这一生。"

庄周喜欢的是与万物浑然一体，而不是站在事物之外，用客观知识去认识、去把握事物。庄周认为这样很累人，没意义，反而破坏了生命的感受力。

对生命同样有严重破坏力的，就是流行的、强制的善恶道德观，无论这是弱者对抗强者的伦理，还是强者压制弱者的伦理，都不是生命本身的伦理——庄周这样认为，我们可以保留不同的意见。

【原文】

庖丁为文惠君解牛，手之所触，肩之所倚，足之所履，膝之所踦，砉然向然，奏刀騞然，莫不中音。合于《桑林》之舞，乃中《经首》之会。

文惠君曰："嘻！善哉！技盖至此乎？"

庖丁释刀对曰："臣之所好者道也，进乎技矣。始臣之解牛之时，所见无非牛者；三年之后，未尝见全牛也。方今之时，臣以神遇而不以目视，官知止而神欲行。依乎天理，批大郤，导大窾，因其固然，技经肯綮之未尝，而况大軱乎！良庖岁更刀，割也；族庖月更刀，折也。今臣之刀十九年矣，所解数千牛矣，而刀刃若新发于硎。彼节者有间，而刀刃者无厚；以无厚入有间，恢恢乎其于游刃必有余地矣！是以十九年而刀刃若新发于硎。虽然，每至于族，吾见其难为，怵然为戒，视为止，行为迟。动刀甚微，謋然已解，如土委地。提刀而立，为之四顾，为之踌躇满志，善刀而藏之。"

文惠君曰："善哉！吾闻庖丁之言，得养生焉。"

【干说】
庖丁解牛只是一个比喻，一个关于如何智慧处世的寓言。

庖丁本身很可能只会解牛，却根本不懂得如何在世间圆滑地生存。

但是，如果不把庖丁的故事理解为养生的比喻，而单纯地来看庖丁，那么我们还将领会更多。

在我看来，庖丁不是屠夫，而是一个舞者，一个歌手："手之所触，肩之所倚，足之所履，膝之所踦，砉然向然，奏刀騞然，莫不中音。合于《桑林》之舞，乃中《经首》之会"；"提刀而立，为之四顾，为之踌躇满志，善刀而藏之"。

不要太相信庖丁的话，因为他不是一个演说家，不是一个哲学家，他只是一个隐藏于屠夫队伍里的舞者和歌手，那刀，本质上就是一把吉他。他真正的体验，四肢和歌声才能表达，词语不能。

所以，庖丁确实有天人合一、万物一体的大道体验——在他解牛的时候，在他舞蹈的时候，在他歌唱的时候。但这种体验就像南郭子綦一样，没法说出来。

他努力的结果，国君只当成了一个养生的比喻——多么悲伤的语言。

在这个比喻里，庖丁的刀就是我们的肉身，牛就是我们所处的世界、我们身处其间的生活本身。

这生活里一定有筋节、有骨头，生活的智慧就是绕开它们，寻找可以让自己游刃有余的空隙之地。

如果仅仅理解为养生，那么庖丁解牛的故事看似很重要，其实放在《养生主》里也就并没有那么关键。

因为后面的故事，讲的是人身这柄刀折损了之后那又如何的问题。

多么令人悲伤的比喻修辞！

庖丁，最后看到的是牛、非牛、牛的结构细节，或者另外什么？

"始臣之解牛之时，所见无非牛者；三年之后，未尝见全牛也。方今之时，臣以神遇而不以目视，官知止而神欲行。"

无非牛者，牛就是牛，我就是我，我的任务是解牛，牛是我分解的对象。

未尝见全牛也，牛开始瓦解，我开始瓦解，解牛是牛与我的一场舞蹈，牛的结构，我的结构，都服务于一场舞蹈，不是被认识，而是被律动。

以神遇而不以目视，官知止而神欲行，牛人一体，此一体又融合于场景之一体，万物一体，天人合一，在此主体消失于大道之中，只有音乐在直接呈现，"指挥"着万物合奏一曲。

庖丁如果不消失，如果我们看到的就是一个屠夫，这一切又怎么可能？

消失不是消失，词语永远有限，消失就是融入，消泯了物我两分，消泯了物我对立，消泯了我执，也消泯了人类概念对事物的束缚，在原始音乐的律动中，体验到我原本就存在于宇宙万物的整体之中。

天眼大开，何须登楼
——读《登鹳雀楼》

昨晚深度语文汇聚河东，柴海军和魏智渊二位，就河东名诗《登鹳雀楼》来了一番唇枪舌剑，我颇受启发，但个人觉解和二位不同。

理解这首诗，首先得解决一个地理问题。诗意的理解不取决于地理，但最初的场景却与地理有关。分析一下诗歌的地理、季节、气候诸因素，即使不能带来诗意的领会，也至少能够避免低级的误读。

沈括《梦溪笔谈》曾评价："河中府鹳雀楼两层，前瞻中条，下瞰大河，唐人留诗者甚多。唯李益、王之涣、畅诸三篇，能状其景。"

依据沈括，这"白日依山尽"中的山，应当是鹳雀楼附近的中条山。但如果你亲临鹳雀楼，就知道中条山在鹳雀楼东南，在鹳雀楼上看太阳下山，是下不到中条山上的。从地理角度讲，在鹳雀楼上看太阳落山，勉强只有一个可能性：西南方向的秦岭诸山，包括著名的华山。

有人质疑说，我们在鹳雀楼上望不到秦岭和华山啊。

又有人分辩说，当时空气清新，没有雾霾，应该可以望见秦岭和华山。

其实，望不望见都无关紧要啊，只是依照那个理，太阳确实是从秦岭诸山而下的。

这是我的第一个觉解，重复一遍：在鹳雀楼是否能望见太阳依秦岭而下并不重要，重要的是太阳确实从秦岭方向而下，却不是身后的中条山方向。

为什么？因为第二句告诉了我们答案：黄河入海流。

在鹳雀楼或许可能望见太阳依秦岭而下，却绝对不可能望见黄河入海。你当然可以把诗意做如此理解：向着大海并最终将汇入大海的黄河，从我眼前滔滔流过。但无论如何，眼前的风景里并没有大海，但诗歌的意象中，却因为"入海流"三字，不仅有了大海，还有了从潼关转折，过陕州（今称三门峡），入茫茫中原大地，最终曲折入海的所有风景。诗歌不是眼前风景，诗歌是胸中风光。一颗心此刻想着黄河奔涌入海，黄河便奔涌入海了；一颗心想着太阳依遥远西方的山峰落下了，太阳便依山而下了——虽然眼前所见，可能不过是太阳依黄河对岸的黄土地，沉沉下落而已。

正因为看不到黄河入海，看不到太阳依秦岭诸山而下，所以诗人才说："欲穷千里目，更上一层楼。"

如果诗人在登楼之初就已经看到了，就已经视接黄海、目达秦岭，那他也就不必再更上一层楼了。

更上一层之后又如何？答曰："一切照旧！"二楼能望到的距离，绝不会比一楼多上千米，更不必说千里。

如果二楼望到了，那物理规律就全出问题了。正因为在二楼并没有望到更多、望得更远，所以诗歌并没有写登楼之后（登二层之后），而停留在登楼之前、登楼之际：欲穷……

诗歌的美妙，从来不依赖风景的事实，它无非是借助现实的一点点材料，创造出肉眼根本看不到的风景。有人说气候特别好的时候，在鹳雀楼确实可以望见华山的远影。当然，我们完全可以猜到，因为距离太远，华山最多也只能呈现为低矮的依稀山影，无论是"白日依山尽"，还是"红日依山尽"，都并不呈现为壮阔的眼前风景。只有借助想象之力将眼前的风景升华为辽阔的时空，浩然诗意才沛然而生。

"白日依山尽，黄河入海流"十个字所建构起来的，是一个浩瀚磅礴的诗歌时空。白日，不是夕阳，而是还盛大的太阳。它曾经是白日，未来是落日，而诗歌写的，正是时空转换的刹那。依山尽之后如何？一片浩大的黑暗，由能想象的去想象。正如眼前的黄河，它曾是上游壶口瀑布的奔腾与嚣张，也将是流入苍茫大地的大气和张扬。这一切，肉眼看不到，除非打开心眼和天眼，才能看到。诗人是第一个站在那里望见这一切的，之前和身边一道登楼的人，却并没有望见。但从诗人之后的一切登楼者，却被规定了如此去看、去望、去想象。这就是卓越诗歌的塑造力量。

写此文之际，鄙人正从河东运城，过秦岭之北，前往长安。

本文在深度语文群发布后，大家各抒己见，有共识有异议，张聪先生将每句诗各添二字，真真可以当作我们解读此诗的临时性共识的巧妙表达：

> 白日（终将）依山尽，
> 黄河（早晚）入海流。
> 欲穷千里（徒劳）目，
> 更上（凭空）一层楼。

当然，诗歌本身若解说得太多，解说得太直白，解说到不必再咀嚼和揣摩，诗意也就差不多荡然无存了。我们舞文弄墨，也就是做一次解读的探险，最后，还是将回到干干净净的诗歌本身，意象本身，气势和韵律本身。

细读《山中访友》

　　《山中访友》曾选作初一语文教材，最近发现它又移作六年级语文教材。想必是人教版的某位编者对它情有所衷吧。

　　这篇文章对不成熟的读者和语文教师而言，是一篇相当优秀的"美文"：词句华丽，感情充沛，其主旨也吻合时代之潮流——回归自然、歌赞自然。

　　但同样这篇文章，却是成熟的读者和语文教师的麻烦，因为其文犹如一潭清浅池水，清则清矣，浅则浅矣，一读便几乎见到所有的底，再读便因此索然无味。用作教材，花两节多课（两课时加上预习、巩固）反复咀嚼，便似嚼一段已然无味的甘蔗，实在不知该拿它做什么。

　　于是有人便把教学的重心，由五六年级本该聚焦的全篇的结构和主旨，以及主旨与文章具体章句的关系，转移到朗读、修辞、段落或某些优美语句的分析上。也就是说，实际上是抛开了作为整体文本的《山中访友》，而把它当成有价值的零碎片段，或者把教学的中心层次降低了，做这样的勉强处理，倒也聪明。

　　一般说来，有两类文本最适合作为教材：经典文本，典型文本。

　　经典文本既是文化的承载者，又是精致语言形式的积淀之处，对经典文本的学习，既可以浪漫地整体感知（所谓美美地阅读，在阅读中有所感受、有所领悟），更应该是有所精确分析之后的高度综合，即既不破坏它的整体，又不停留在初读的浪漫上，也就是说，应该经历一个完整的"浪漫—精确—综合"的过程。

而文本典型，则是把语言形式中的某一类型清晰、集中地显现出来。经典更为丰富，典型更易清晰。经典是浪漫更是综合，典型则是有所取舍的精确。也就是说，在非经典的典型文本中，浪漫感受仍然是我们学习的必要基础，但是教学的重心是在局部的精确分析上——这个局部的精确分析，不是指文本中的局部，而是指一种特定的视角，犹如只从南面或北面窗户来窥园中景色，或看到其结构模式，或看到其语言特色，或看到其修辞……

用我以前的比喻，就是浪漫阅读，是南美孩子的街头足球；精确阅读，是训练场上的分解动作；综合阅读，是足球赛场上的正式比赛。

然而《山中访友》既不经典，也非典型。这样一个并不恶俗但也不经典的文本，用作为细读或者研课，确实有点难度。这样的文章该如何挖？要不要挖，——若不挖，又拿它做什么？难道真的只能像课外阅读那样，读几遍，感受一下即可？

日常的阅读和作为课外阅读的阅读，都不要求把阅读行为当成一个焦点，其注意力在阅读的对象上，我们是借阅读行为，来或欣赏故事美景，或汲取某种专门的知识。

而作为阅读教学的阅读，我们总要同时注意两个方面：我们所阅读的文本，以及我们的阅读行为。我们要洞察此文本的方方面面，更要自觉地训练自己的阅读行为，使之严谨全面，且能娴熟地运用各种解读工具来解读文本。

后一种成熟的阅读，总会自觉地对文本确定某（几）种特定的视角，从而把自己定位为欣赏者、共鸣者、破译者、分析者、解剖者、批判者……

确定一个视角，也就是把文本思为什么。而这种思为什么，总是依据原先快速的阅读印象而自觉定位的（在过程中还可以不断调整）。

如果它是美人，就一定是被欣赏的；

如果它是尸体，就一定是被解剖的；

如果它是文化隐秘，就一定是被破译的；

如果它是一种典型，就往往是被分析的；

……

那么可以把《山中访友》思为什么呢？

其实，这是一篇典型的"非典型性散文"。以前对散文有一个说法，叫"形散而神不散"，意思是散文的形式特征不好把握，它似乎是用一种相当自由的方式，来传达作者的某个意旨。

相比之下，除了经典之为经典的文化意蕴，小说和戏剧的重心在人物形象、人物冲突和叙事结构上。而诗歌，也有一些诸如象征、意象、意境、文化符码、断裂与空白、联想轴等特定的视角可供分析。唯散文这种夹杂不清的文本，因其自由，所以散漫，不好把握。

事实上，除了诗化散文（如苏轼的《赤壁赋》，欧阳修的《醉翁亭记》，范仲淹的《岳阳楼记》等），散文极少文化和艺术上的经典。经典绝大部分是诗歌和小说（戏剧）的。诗歌是词语的自由游戏，叙事文本（神话、小说和戏剧）是借符号关系来揭示人类的隐秘结构，并探索这种结构、这种游戏的更大可能性。

而纯粹的散文，确实只是言以记事，言以达意。

那么我们何不就抓住这个"形散神不散"，或者说"言以达意"来思考散文的特点以及相关的教学呢？

上面所说的形，即是言；神，即是意。事实上散文在各类文体中，是较明显地呈现"言—意"关系的文本。相比之下，诗歌更多语言（及其意象）的游戏，会有意制造跳跃和空白，让文本可能的"意"（神、旨）超越作者之言，留下无法彻底破译的留白、空间；而叙事文本则把各种矛盾的"意"蕴含于人物的命运之中，似乎说话的不是作者，而是人物的命运。事实上，人物的命运总是比作者想说的、能说的，要说得更多。

虽然许多诗歌是直接抒情的，但其实我们清楚，诗歌之成为诗歌，恰恰在于它在语言上的雕琢、游戏，它具有的特定的形式之美，使得它用最少的语言，蕴含着超越语言的更多的意蕴。

"言意"之间最少差异，尽可能用"言"明确地把"意"传达出来的是散文。

也因此，许多人教学散文，往往教到"意"明确了，就宣告教学结束。而反之有些人因为"意"已经一目了然，所以他们的教学重点便放在语言上，通过有感情地朗读，来使得"言"和"意"重新成为一个有机整体。

好的诗歌教学和小说教学必然需要某种破译、填空，这是大多数散文所不需要的，或者说经不起破译，也无法填入。

《山中访友》是不需要破译，也是经不起破译的。这个美人太肤浅，你真的和她交谈起来，她便露了馅，于是赏析或解读，便会由原来的欣赏，最终成了解剖。

我们且来"解读"一番，来看看整个行文中作者的言、意。

作者李汉荣在另外一篇名为《越来越接近精神的天空》的散文中这样说：

> 人群是欲望的集结，是欲望的洪流……一颗神性的灵魂，超越的灵魂，丰富而高远的灵魂，不大容易在人群里挤压、发酵出来。在人群里能挤兑出聪明和狡猾，很难提炼出真正的智慧。我们会发现，在人口密度高的地方，多的是小聪明，绝少大智慧。在人群之外，我们还需要一种高度，一种空旷，一种庄静，去与天地对话，与万物对话，与永恒对话。伟大的灵魂、伟大的精神创造就是这样产生的。

我以为不妨先把这段文字作为解读《山中访友》的密码，然后我们再来看看，这个明确的宣称和其实际进行的，二者之间存在着怎样的契合与背离。

《山中访友》第1、2自然段：

走出门，就与微风撞了个满怀，风中含着露水和栀子花的气息。早晨，好清爽！

不坐车，不邀游伴，也不带什么礼物，就带着满怀的好心情，踏一条幽径，独自去访问我的朋友。

和我们用来当作作者基本写作精神的那段引文（宣言）完全相似，这两段就清晰地刻画了作者背离人群，朝向山林、天地、宇宙的姿势。

因此我们可以追问，这个"走出门"是一般的打开门，还是有目的的"出门"？作者出门时，是已经准备好一种心情，还是心情尚是一种空杯的状态？（我们知道，唯空杯才能聆听。）

显然，这个出门，就是指走出家门，离开城市，朝向山林。"走出门，就……"这个句式非常有意思，如果这微风、露水、栀子花不是自然的信息，那么它也就不可能在文章的开头被作者如此深情地描写了；但如果这微风、露水、栀子花就是自然的气息，那么作者这样急匆匆地逃离就显得有些矫情了。

然而问题关键并不在于这些事物本身，而是因为作者此番乃是为赢得灵感与语言的天地之旅，所以满怀的希冀与好心情，乃使得他从自己眼前所遭遇的万物中有目的地选取一些事物，而过滤掉另外一些事物，如街上偶遇的邻居，公交车，一路上人类赖以遮蔽风雨野兽的建筑，并把自己的这份主观的情绪，投射到所选事物之上。

然而整个行文过程中，他下意识地不得不有所选择，因为如果他赞美了早餐铺上油煎包子的葱香，赞美了马路上晨练者的健美姿态，赞美了邻居新买的小车的款式，那么他就无法让自己的文章自圆其说。在作者这里，他必须二元化地对待自然和人类社会。作为自然的人，是可以有条件地被讴歌的，但是作为社会的人，在作者的逻辑里，将是一个难以处理的题材，最好的办法是把人类活动尽可能地去除，除了那些面对自然的姿态（画画、耕耘、写诗）。

于是便有了第二段中的三个"不"。基于同样的原则，他放弃了车辆这一人造物，他放弃了同行的友伴，他放弃了礼物（这个词语乃是作者想要有意设置的俏皮，因为这次"访友"是不需要带礼物的）。他要拒绝什么？拒绝这些的目的又是什么？答案是如此显然。而这"满怀的好心情"，就源自作者的一个姿势，这个姿势是一种政治立场，在这种政治立场中，山林天地表示着神圣，城市社会表示着世俗，朝向山林便是朝圣，远离城市社会就是远离世俗。所以，这一行为不需要任何实在的依据，便已经有了一份好心情，而且这份好心情及其背后的哲学，将确保他所见到的一切都能够如其所愿。

《山中访友》第3自然段：

> 那座古桥，是我要拜访的第一个老朋友。啊，老桥，你如一位德高望重的老人，在这涧水上站了几百年了吧？你把多少人马渡过对岸。滚滚河水流向远方，你弓着腰，俯身凝望着那水中的人影、鱼影、月影。岁月悠悠，波光明灭，泡沫聚散，唯有你依然如旧。

桥是一个尴尬，因为它是人造之物。但"古桥"就能够把人的因素褪尽，让它变成"准自然"之物。

桥于是站在人类社会和天地自然之间，成为一个摆渡者。或者成为一个神圣痕迹的看护者，就像诗人一样，虽一端生活在世俗之中，另一端却扎在彼岸，进入神圣之中。

古桥（渡船）于是便成二元论者的必要工具，它连接着今天和过去，人类和自然之间。

但是，作为一座在时空中有着具体场景的桥，这座古桥在文章中却面目模糊。我们不知道它是平桥还是拱桥，不知道它周围树木长得如何，是否有建筑，不知道桥下的水是否清澈，有没有小雨，桥身上是否布满苔藓……

这座桥，可以是这个地球上任何一座有年纪的桥，这段抒情适合任何一座上了年纪的桥。

也就是说，作者在思考的，是"桥"这个意象，而不是具体的某座桥。就像爱上爱情一样，他不是爱上某个具体的脸部光洁或有雀斑的女子，而是一种内在的爱的冲动，爱上一个可以叫作"女子"的符号。

回到课文，桥是此次山行的一个必要的过渡，前面是世俗社会，桥通往神圣之地，也因此，虽然它是人造之物，却得到了作者必要的讴歌。

《山中访友》第4自然段：

> 走进这片树林，鸟儿呼唤我的名字，露珠与我交换眼神。每一棵树都是我的知己，它们迎面送来无边的青翠，每一棵树都在望着我。我靠在一棵树上，静静地，仿佛自己也是一棵树。我脚下长出的根须，深深扎进泥土和岩层；头发长成树冠，胳膊变成树枝，血液变成树的汁液，在年轮里旋转、流淌。

"鸟儿呼唤我的名字"，是表示作者经常来，所以鸟儿已经和作者熟悉了吗？显然并非如此，因为后面只存在早晨的露珠"和我交换眼神"，这正说明这一份默契和友谊，并非源自相互间的熟稔。

另外，这鸟不是画眉，不是椋鸟，不是山雀，不是任何具体的鸟，而是一切鸟，或者说是词语之鸟。此呼唤不需要对"我"而鸣，也不需要为"我"所真正听到。这儿的关系是倒过来的，我谛听，则一切声音为我而响；我凝视，则一切生命和我对视。而更为根本的，是作者认为自己就是这山林中的一员，是一棵树，一只鸟。

前面把鸟和露珠拟人来写，其实目的没有真正达到：想说明我也是这山林中的一员。后者把自己拟物来写，写成一棵树，才真正达到了目的。

我们可以把这视为一个仪式，通过这一仪式，世俗的"我"得以和神圣合二为一。这一仪式，和基督教的圣餐、祈祷、忏悔是极其相似的：通过特定的行为和思想方式，个体得以和神圣保持某种神秘的联系，自己得以净化。

《山中访友》第5自然段：

　　这山中的一切，哪个不是我的朋友？我热切地跟他们打招呼：你好，清凉的山泉！你捧出一面明镜，是要我重新梳妆吗？你好，汩汩的溪流！你吟诵着一首首小诗，是邀我与你唱和吗？你好，飞流的瀑布！你天生的金嗓子，雄浑的男高音多么有气势。你好，陡峭的悬崖！深深的峡谷衬托着你挺拔的身躯，你高高的额头上仿佛刻满了智慧。你好，悠悠的白云！你洁白的身影，让天空充满宁静，变得更加湛蓝。喂，淘气的云雀，叽叽喳喳地在谈些什么呢？我猜你们津津乐道的，是飞行中看到的好风景。

　　然而这一段终于透出作者思想的底来：毕竟，作者不是一个成熟的道家或自然主义者，因此他想描写自然，想要贬低非自然的人类行为，却发现自己捉襟见肘，既然沉默不得，就不得不像写人类社会一样来写山林自然。

　　确实沉默的山林自然是不容易写的，古代的道家深谙此理，所以关于山林自然，以及其中蕴含着的"大道"，诗句中有无数"行到水穷处，坐看云起时"的"沉默"。

　　但作者虽然知道这个道理（在知识的层面上的知道，而不是在最内在层面上的亲身领悟），所以他不但无法沉默，而且还把山林还原成了人类社会。于是我们便滑稽地读到了一个人类社会的场景，在其中，女子们在精心打扮，人们在广场和舞台上歌唱，强者呈现其强健，智者显现其智慧，行者则道说自己所走过的道路……

　　古代那些山林的话语不见了，中国画中的山川也不见了，我们只看见一个孩子走进森林，他看到的是一个精灵们的聚会，充满了人类式的快活、喧闹。

　　但这是哪座山？这是哪道溪？这是怎样的一块岩？

这些全都省减为一个符号，在这套作文符号里，凡山岳必是挺拔，凡小溪必是清唱，凡瀑布必是高歌……

我们无须进入山林，在任何一张白纸上，我们便可以驱使这些符号依据其规定，或吟唱，或喧哗，或沉默，或呻吟……

《山中访友》第6自然段：

> 捡起一朵落花，捧在手中，我嗅到了大自然的芬芳清香；拾一片落叶，细数精致的纹理，我看到了它蕴含的生命的奥秘，在它们走向泥土的途中，我加入了这短暂而别有深意的仪式；捧起一块石头，轻轻敲击，我听见远古火山爆发的声浪，听见时间隆隆的回声。

作者本能地意识到前面那种浪漫的移情是不能写出山林这个话题应有的力度的，仅仅那些，就和学生作文有些相似了。所以，必须加入思，以人的身份，思自然宇宙的神秘。

如果说科学家的任务是揭开宇宙奥秘的话，那么诗人的任务就是守护、歌唱自然的神性。

这里有两个仪式，捡起火山石敲击，遥想地球的形成、自然的演化，这是科学的姿态。作者未必有这个意识，但是他写出来了。

而关于落花、落叶的轮回，则是人类早已经无数次领悟的生命象征。

这一段的宁静和特有仪式（把行为动作仪式化），使得行文回到了作者化身为树的时刻。如果化身为树是进入自然的序列，那么此刻就是抽身出来，静静地谛视和聆听，思索宇宙的奥秘和生命的神秘。

但是，这一刻太短暂了——我不是说作者在这个时刻逗留得太短暂，我是说，作者的行文和运思，在这部分浅尝辄止了。

在某种意义上，作者没有道出任何一种新的含义，没有创造任何一句具有揭示意义的句子——诗，就是揭示，让事物如其所是地显现，从而把一个真正的有机存在向世人揭示出来。

这种诗的功能作者在此文中还未能够实现，他的思走到这里便显得困难了，无法再继续深入。

于是，他制造了一场暴雨，来让自己走出这重要而困难的运思。

《山中访友》第7自然段：

忽然，雷阵雨来了，像有一千个侠客在天上吼叫，又像有一千个醉酒的诗人在云头吟咏。满世界都是雨，头顶的岩石像为我撑起的巨伞。我站立之处成了看雨的好地方，谁能说这不是天地给我的恩泽？

这一段的思维与情绪，又回到了"这山中的一切，哪个不是我的朋友？我热切地跟他们打招呼"这一段。岩石成为房屋，但房屋因其价值观是不值得歌颂的，而岩石与大树才配以歌赞。而雷与闪电，以及雨，仿佛又成了城市街头的喧闹场景，只不过，作者对一处满怀先在的热爱，对另一处，则无论在内心深处爱不爱，在文章里都要刻意地回避。

整篇文章有明显的起承转合。"起"是出门的情景和古桥"过渡"；"承"从古桥渐进，层层相继，直到思宇宙之奥秘时思力穷尽；这场暴雨便是文章之"转"；最后的"合"就是回家。

《山中访友》第8自然段：

雨停了。幽谷里传出几声犬吠，云岭上掠过一群归鸟。我该回家了。我轻轻地挥手，告别了山里的朋友，带回了满怀的好心情、好记忆，还带回一路月色。

清晨出门，踏月色回家，中间吃了几次饭，是哪个饭店吃的，还是自带着干粮，或者采撷野果而食？这些全都过滤干净，更或者，事实上此文的黎明到月色，只是三十分钟的纸上岁月，根本无须一日三餐，而只需要一杯咖啡馆里的咖啡，或者自己泡上的一杯清茶。

纵然只是纸面上的旅行，我们也不得不问：为什么要回家？为什么要从神圣之地回到世俗中来？

确实，人们只在周末去上教堂，或者只在周末才洗得干干净净，换上最洁净的衣服，去和恋人相会。

这样的结构似乎天经地义，从来如此，如果不这样那才显得古怪。

如果一个人进了山林不再出来，这一定是发生了什么惊天动地的大事情，犹如陶渊明在南山的归隐，梭罗在瓦尔登湖畔的栖居，再或者，便是如弘一法师那样出家为僧。

而宁静的正常生活需要人们生活在世俗世界的同时，为自己虚拟一个神圣领域，这个神圣领域像是一道圣河，人们定期到那里沐浴，就能够洗去世俗，重获神圣。

但除非是一种特殊的"病"，否则人们不会真正地栖身于神圣。

神圣只是我们制造出来，供奉在那里作为生存的理由的。

当我们真正持久地栖身于原来的神圣时，原来的神圣便会遭到破坏，人们将不得不制造出新的神圣来让语言拥有力量。

细读过全文，再整体性地来思考几个问题：

我回去时的心情，和来时的心情相比有什么变化？在整篇文章中，我的情绪或思想有过什么变化？

回答只能是：没有任何变化，作者就像是热恋的小青年，从出发的那一刻，一直到最后，全是美妙无比，充满了对山林的憧憬、热爱、歌唱。

而成功叙事的奥秘恰恰在于曲折，无论是情节上的曲折还是运思上的曲折。

所以在结构上，因为某种原因，此文和大多数散文一样，成为无波折的作者意旨的传达。

作者说："在人群之外，我们还需要一种高度，一种空旷，一种虚静，去与天地对话，与万物对话，与永恒对话。"

然而遗憾的是，综观此文，我没有看到多少人与天地万物的对话，唯一勉强算得上对话一处，便是对落花、落叶、岩石的沉思，但这份沉思却太过简陋平常。

弥漫于全文的，是作者一个人的道说，作者把自己的情绪渲染到万物，把物的这点折射自己情绪的反光、散光，当成了万物的声音。然而这声音事实上全是作者自己的。

作者说需要一种空旷，一种虚静，这正是中国传统道家和禅宗致力追求的艺术、哲学、宗教之境。这种境界，在艺术上被称为"无我之境"。王国维在《人间词话》中说：

> 有有我之境，有无我之境。"泪眼问花花不语，乱红飞过秋千去"，"可堪孤馆闭春寒，杜鹃声里斜阳暮"，有我之境也。"采菊东篱下，悠然见南山"，"寒波澹澹起，白鸟悠悠下"，无我之境也。有我之境，以我观物，故物皆著我之色彩。无我之境，以物观物，故不知何者为我，何者为物。

我们知道，除了陶渊明的诗，王维的相当数量的禅诗，如《山居秋暝》《月出》等，和孟浩然的一些诗，如《春晓》，是"无我之境"的代表作，而这些诗人恰好又可以被称为山水田园诗人。然而是不是写山水田园就是"无我之境"，是一种陶渊明式或王维式的"虚静"呢？显然不是，综观《山中访友》全文，从文章一开始到结尾，全部可以说是"以我观物，故物皆著我之色彩"。

所以此文是断然没有"虚静"可言的，我们不能把讴歌山林自然的，就叫空旷、虚静。相反，我们也不能把沉思人的，便一概不称为空旷、虚静。例如史铁生那些充满人类血肉的文字，我们完全有理由把其中的相当部分称为空旷、虚静的。

也就是说，决定哲学态度的，不是思考的对象，而是姿态本身。

此文不是宁静的镜子，来静静地映照自然万物，而是一支小小而热烈的红烛，在热情而直率地讴歌山林（其背后的哲学是反对现代文明）。

此文不是猫头鹰般的沉思，而是早晨黄莺的热烈歌唱。

于是我们又回到了一个遥远的传统：道家、自然主义；反对人类社会，反对人为制品……

在其极端的思想中，把人所创造的一切称为"伪（人为）"，甚至包括语言文字，更不必说道德传统。

在其较温和的思想中，则认为人可能正确地继承"天道"，从而人为的一切成为自然之道在人类中的延续，但这个过程永远存在着异化的危险，不得不抱以高度警惕。

而儒家的传统则认为，自然万物是"道"的自然体现，而人类本身就是自然万物之一，人类的行为、思想、制造，乃是自觉地探索"道"的过程，这正是我们的天命与尊严。

这样，讴歌自然就并非是对人类社会及其作品的否定，而是对前后相继的两个过程的不同赞美。

而人，注定是社会的动物，人最后的使命与尊严，不可能在自然之物中找到，而只能在人类社会中找到（当然，可以是为了人类而探究万物奥秘，包括为了人类而讴歌自然草木）。

对这种观点来说，我们怎么能够在把山林中的万物理解为朋友的同时，把人的汇聚视为罪恶的汇聚呢？

人类社会和山林自然，恰恰是白天和黑暗的关系，它们永远地相互依存，相互需要，而不能非此即彼。我们乃是自然万物之延续，但我们毕竟有着自己的逻辑、使命，这是不可能否弃的。

我相信，这些，是作者未曾真正透彻地思考过的。

庄子一派的自然主义，认为"道"是"无"，是我们完全可以不讨论的。道的原则是"道法自然"，即让万物如其所示地显现自身，而艺术的真谛，正可以理解为"让事物如其所是地显现"。

因为悬置了"道"本身，所以我们要讨论的，乃是万物各自的天性，这种天性是不能够复制的。

这种观点对艺术家特别有吸引力，因为它强调了生命的个性，譬如一座山成为神圣之山，不是因为它是山，不是因为它有山林，而是它向人类显现出某种力量，同时人类把这种力量当成自己的语言中的力量。所以华山的险峻，黄山的奇谲，富春江两畔山丘的平易，都成一种由艺术而真正道出的性格，而被人们所仰望、铭记。

一座山如此，一座桥、一道溪、一棵树（以及对山、桥、溪、树的刻画、描写）都如此，它总须道出某些未曾道出的，才得以被称为"艺术"。

艺术的这种"让事物如其所是地显现"，最终须在读者（观者）身上完成，或者说，它最终须得由同一社会的人们来加以验证、共鸣。

那些能唤起人们内在天性，或者某个相似经验的艺术，才称得上优秀的或伟大的艺术；而符号化的道说，只能被同一政治立场的人无条件地认同，并作为灌输此种观点的道具。也就是说，前者才是艺术文本，后者乃是政治文本。

就像此文作者会无条件地讴歌山林中一切树木，无论其美丑（作者会矛盾地一方面宣称这里不可能存在美丑，另一方面有选择地只描述那些确实具有美和力量的事物）；和作者在某方面持完全相同立场的群体，譬如环保主义、反人类社会者，或者美词派、修辞派，都会因为文章的某些方面符合他的先在立场，而认同文章，从而把此文当成"美文""环保文""自然之声"……

而我们的分析则表明，这篇文章确实过于符号化了，却没有充分地揭示事物的个性。究其原因，乃是作者未能虚静与空旷，未能聆听与凝视，而只是一味地将自己的立场渲染、投射到万物上。而这种写作本身，是与其所信守的立场本身相悖的。

对自然山林，对宇宙万物，我们需要一种更成熟的态度，需要一种更成熟的语言。

三思而后教

教育狼孩及其拯救

在我担任教育杂志编辑的数年里，我发现有 80% 以上的来稿，集中于江苏、浙江、山东等教育发达的省份，而优秀稿件，则几乎全部集中于更小的几个地方。罕见中西部农村的来稿，更罕有来自中西部农村的优质稿件。

自 2006 年以来，我每年花大量时间在中西部地区做"教育公益"，接触到形形色色的学习困难生——往往是一间教室甚至一所学校的大面积的基础薄弱智力匮乏，孩子们到了四五年级，不能正常识字，无法顺利阅读，无法理解并完成两步或两步以上的应用题。

再进一步调查研究，发现学校并非是这些孩子被耽误的主要责任人，真正的起因在于家庭。随着改革开放后中国的工业化发展，大量农村的精英和主要劳动力涌向城市，空巢家庭日益增多，留守在农村的儿童往往和不识字的祖辈生活在一起，许多孩子除满足衣食需要外，没有启蒙教育，甚至连最起码的人际交流也有匮乏。

这些孩子中最为严重的，往往在一年级就全面溃败，语数零分，被无奈更无能的老师打上智障的烙印，放逐在教室阴暗的一角，让他们在时间中艰难地消磨，直至完成义务教育年限，或者提早离开学校，走上用体力赢得生存的道路。

而这些被视为智障的儿童，其实在遗传基因上并没有任何问题。我们在分析这些个案的时候，套用狼孩的隐喻，把这些孩子称为"教育狼孩"，即出生后，并没有在正常的人类社会生活中被健康地抚育，最终导致了他们智力上的严重障碍。在浅层次，我们归纳出狼孩现象三期：

第一期，母亲缺位，家庭智力氛围恶劣，人际冷漠疏远；

第二期，初始学习失败，陷于恶性教育学循环；

第三期，学习失败与道德不成熟交互影响，出现反社会倾向或以失败者角色自居。

是的，他们不仅仅是可怜的孩子，他们中的大多数，一开始就与疾病、心灵创伤、偷窃、撒谎、物欲的贪婪、暴力和对暴力的依恋纠缠在一起。如果不得到及时的疗治与拯救，他们今日的可怜将成为明日的可怕。

教育狼孩现象是中西部农村教育日益衰退的一个表征。在我所调查和观察的那些文化最为落后的农村学校，这样的孩子的比例大约在 5% 到 15%。如果把总数加起来，这将是一个可怕的庞大数字。

特别的女生小星

2010 年我们来到内蒙古罕台，接手由三所农村小学合并的两个班已经上完一年级的孩子，新招两个班一年级，由此成立罕台新教育实验小学。不久我们发现，这次我们所遭遇到的学生的智力障碍情况，比来之前所想象的还要严重——情况和我们在云贵高原乌蒙山深处的石门坎所遭遇的苗族孩子非常相似。

在石门坎，我教三年级孩子学习古诗，发现其中的每一个他们能够读出字音的字词，他们大都不知道所指。当我教"淡妆浓抹总相宜"的时候，他们不明白化妆。我说你们母亲不化妆，但新娘子总化妆的吧？孩子们说，不，她们不化妆。至于"水光潋滟"，那个地方根本找不到一处能泛起水光的水潭，水只能在岩缝间的细流中接。

在我们接收的二年级孩子中，有 10% 以上的孩子一年级没有分数。

老师说，考不考是一样的，差不多也就是零分。数学能在 90 分以上的，人数恰好跟差不多零分的持平。据原来的学校领导和老师说，这是一个非常偶然的现象：这一年，学生恰好出现了高比例的"智障"。确实，有证据表明，同一所学校里，有相当不错的年级和班级，虽然学力水平和东部相差很远，不过仍能进行正常的教育教学。

在六七个一年级无分生中，孩子们的状况是不尽相同的。其中有个女孩小雪（化名），在短短两三个月后就能够跟在全班同学后面接受正常教学；而另一个叫小星（化名）的女孩，我们印象最为深刻：她曾一度让我们几乎相信，也许确实她是个老师所说的智障，我们出于人道主义所做的一切努力终将在效果上是白费力气的。

虽然接收时已经是二年级，但执行新教育课程的语文老师认为学生根本没有办法学习正常的教材，所以仍然从儿歌开始进行教学。所教的第一首儿歌是《摇到外婆桥》："摇啊摇，摇到外婆桥，外婆请我吃年糕……"这显然是首南方的歌谣，因为无论是船、桥还是年糕，在北方都是罕见的，但应该都是可以理解的事物，尤其是外婆这个概念，对每个孩子来说应该都是最亲切的。

这首儿歌小星不仅当天无法读出来，而且压根没有办法读出"桥""年糕"等词的音节。因为在她的经验里，这些事物都从来没有存在过，与其说没见过，不如说从来没有人对她念过。而凭她匮乏的经验，根本不足以建构起对那些没有见过的事物的想象。在老师形象地讲年糕是一种好吃的东西之后，小星每次把它读成"面包"；但是"桥"，每次读到这个字，她就愣在那里，直到老师提醒，她才含混地重复这个音节，接着往下念。

严格来说，这不能说她是在读，因为在半年后，我曾经有一段时间对小星进行单独辅导，我从一年级上册语文教材第一首儿歌开始教学，这时候，她能够独立认识的字，仍不能超过十个。即使汉字一至十，以及她的姓名，如果单独来看，她也无法辨识。一首非常简单的儿歌，她一两天仍无法顺利念出来，念完它至少需要老师平均每句提醒一次。

数学的情况更为糟糕，在新教育教师费尽苦心，每天上课之余又进行一定时间的补课后，到二年级第一学期结束，小星正确数数的能力仍然不能超过10，一般在5之后，出错的概率就大大地增加。在五十多个孩子中，有另外两个孩子比她还要更弱一些。

我想在这样的情况下，许多人会赞同她一年级老师的判定：这是个智障孩子，教育对她即便不是无效，也是收效甚微的。我不得不承认，当时无论是班主任，还是我这个多数时候旁观，偶然介入的研究者，我们都并不敢对小星智力的苏醒抱多大希望。

但作为意志坚定的新教育实验者，我们在相当大程度上，既是从教育伦理、教育公益的角度，希望我们能够"拯救一只知更鸟"，又是从教育研究的角度，希望通过对这些特殊孩子的观察，以及介入式的教育，能够窥见更深的教育奥秘。所以，无论到哪一刻，我们都不会放弃。

二年级的寒假，我妻子把她接到我们宿舍，和我女儿同住，进行单独的辅导，同时也是进一步地了解这个孩子身上究竟发生过什么。

教育狼孩现象

在小星的词汇中，几乎没有母亲这个词语，而周末到学校接她或者偶尔来为她送药的，总是她父亲。从不完整的信息中我们了解到，她母亲生活不能自理，完全要靠她父亲照料，而小星在大多数情况下，处于一种给你最简单的食物和衣服，由你自生自灭的状态中。她在我家洗了一次澡，结果是整个浴室的地面一片黑。

随着对学校中所有学困孩子展开各种调研，我们发现了这些特别严重的学困生的一些普遍的状况。

其一，他们的家庭往往散落在广袤的沙化草原上，往往是两户人家甚至就一户人家单独成为自然村落，附近既少邻居，更无其他的公共设施（如商店等）。也就是说，这些孩子在成长的早期，和别人交流的机会很少。

其二，这些孩子中半数以上母亲缺失或缺位（缺位指人虽然在，但因故不能承担起母亲的教育责任）。如前面提到的小雪，就是母亲离家出走；小星，母亲似乎只是个稀薄的影子。另外有好几个孩子的母亲有"精神病史"，文盲的比例自然更高。在几年之前，这个地区的部分农村还非常贫困，娶媳妇极为困难，这也是智障和残疾妇女比例偏高的原因。而在最近几年这个地区的经济暴发性增长，又让离婚率快速上升，所以每个班级里，家庭破裂或不稳定的现象都有非常高的比例。当然，随着经济的快速增长，农村散落的人家在逐步搬迁到集中的小区，也开始有了幼儿园，后面孩子们的整体状况可以说是一年比一年快速好转。

其三，在这些孩子的早年，因为通信不便，没有电视、手机，加上漫长的冬天（全年无霜期大约一半时间），所以他们几乎只被满足了衣食的需要，其中最严重的几个，甚至和成人的对话交流也非常有限，因此存在着正常语言交流的困难。

在研究讨论中，为了形象地表明这些孩子的早年生涯给学校学习所带来的致命障碍，我们把这一现象称为"教育狼孩现象"。

在更深层次上，我们是借助于现代脑科学、维果斯基的社会建构主义心理学、现代认知心理学来理解和解释这些孩子的情况的。

现代脑科学告诉我们，人的记忆和思维并不是像档案一样存放在大脑的某个部位的，事实上，它是以神经元的链接系统来实现这一功能的。在大脑内部某些单元的神经元一旦形成固定的连接通道，就相当于皮亚杰心理学意义上拥有了某种认知的图式（结构），或者说形成了、拥有了某个概念。

每个单独的神经元细胞以轴触向另外的神经元释放信息，以树突接收另外的神经元传递过来的信息。神经元在接收到某个信息后，通过自己的解码或增效，通过轴触向另外神经元传递信号——但是，除非这个树突和轴突之间的"突触（连接）"是已经存在的，否则这种传递将是难以实现的。而学习行为表现在脑部，则可以被定义为：形成神经元之间的特定连接；能利用已有的连接来解决问题，理解新出现的事物。

在学习一个全新事物时，大脑的许多部位将高速运转起来，试图寻找到或开辟出一条理解的通道。当这个事物被完全理解后，以后再理解它，大脑将以极低的能耗很快地完成这件事——因为这时候它只需利用已经存在的那个局部的突触网络就能够成功地解决这个问题了。

而所谓聪明，智力过人，对大脑而言就是拥有更多的突触，而且这些突触足够牢固，不易消失。

婴幼儿在最早的几年内，拥有着数倍于成人的不牢固的突触，而这也就是他们能够几乎飞速地学会语言这一神秘又困难事物的原因。这些突触就像是无限的可能性，它们因为刺激，因为被使用而形成真正的通道，建立起牢固的突触。但只要不加利用，这些突触会脱落、消失。所以，《适于脑的教学》一书提出："孩子需要信息的洪流，信息的酒席和盛宴。"

这些突触的发育在童年是一个集中爆发期，但在大脑的各个部位有先有后，这就意味着孩子的智力发展有所谓的"敏感期"，错过了这个时期，突触将无法建立，也就形成了这方面的永久性残缺。一个典型的为大家所熟知的案例，就是假如蒙上刚上出生幼兽的眼睛一段时间，那么去掉蒙蔽之后，它仍然不能拥有这只眼睛的视力——因为眼睛后的神经元，并没有在最关键的时刻和大脑另外相关的神经元产生突触连接。不仅仅是眼睛视力如此，我们可以说，人脑中的所有部位的发育，都有赖于外界的刺激。

而正是在这些智力发展的关键时刻，这些被我们称为"教育狼孩"的孩子，恰恰或多或少地都错过了。没有人教他们认识周围以及书本中更多的事物，更不要说去理解事物之间的因果关联。没有人用音乐、体育去刺激他们的大脑，让他们拥有学习数学的必要前提——诚如皮亚杰所说，数学是人对运动经验的内化的结果。

于是，那些和其他孩子一样奔涌出现的大脑里丰富的神经元以及它们之间不稳定的突触，就这样在早期岁月中慢慢脱落、消失，只有在极少数的领域保持了联系：动物般对食物和温暖的追求，对恐惧的逃避和对快乐的追逐，简单的语言交流……

脑科学印证了维果斯基等心理学家强调的一个重要观点：教育促成大脑发展；大脑成熟对学习的影响，远低于学习对大脑成熟的促进。

同时神经学家还悲观地告诉我们：人脑中最主要的突触通道一般在十四岁之前就基本完成，剩余未被开发的悉数脱落，后面想要改变或者重新创造通道的可能性是微乎其微的。

对小星的疗治或者拯救

对罕台新教育课程而言，它几乎和当前流行的种种教育名词以及模式毫不相干，甚至是背道而驰的。譬如对工具性和人文性之争，我们就觉得莫名其妙，因为丧失意义的教育是谈不上教育的，也是掌握不了工具的正确使用方法的；而真正的工具总是帮助我们更好地解决问题、理解世界的新概念，那种二分法无论是在理论上还是实践上，在我们看来都是荒谬而且走不深远的。

所以我们的语文课程强调意义感必须丰盈，这是贯穿整个过程的。而随着孩子们理解力的上升，除非我们不断地引入新的武器（工具、概念），否则我们将无法满足他们的智力渴望。

事实上，语文老师并没有对小星进行太多特别的教学——因为我们开发的语文课程（每天的诗歌晨诵，最初每天利用绘本进行的读写绘，利用甲骨文、大量实物图片，结合汉字基本部件进行的规律性识字教学，开始于为孩子们大声朗读的整本书阅读，全班孩子参与的童话剧演出等）本身对理解力偏弱的孩子就具有极好的疗治效果。只是语文老师让小星无论有多少理解，一定要与其他同学将同样多的时间用于作业的完成，譬如朗读、写字。

在相当长时间内，小星只是在画字，既不按笔画顺序，也不能真正理解在写的这个字。而她的朗读，则更多的是重复老师和同学的声音，如果声音太多太长，她就根本没办法重复——但她能够非常好地短时模仿和跟着学。但显然，小星能够借助图画和老师的声音听懂故事，所以在第一年里，她聆听了数百个对她有意义的故事。

通过第一个寒假的一对一补习，小星能够进行20以内的加减了，虽然非常慢，但正确率还是比较高的。但是上数学课对她来说仍然是完全的浪费，因为在这里她不可能半懂不懂地理解同学在学习的那一切。在这里她是彻底不懂，坐在教室里，就像是完全地生活在另外一个世界上。

于是在第二学期的四五月份，每逢数学课，我就把她单独叫出来进行教学。在我的特殊教学开始时，她的老师在黑板上写了一道两位数相减的竖式计算题，小星几乎顺利地完成了。但当她走进我办公室，我让她比较一些两位数的大小的时候，她是几乎完全地"无知"，譬如她认为72和27是相等的，38则显然要比45大得多。

显然，刚才在黑板上的"展示"，她只是在机械地利用已经掌握的20以内的加减法，进行一种操练，但事实上她并不懂得其中的任何意义。

所以我的教学是从对数的真正认识重新开始的——而且我把这种教学还原到动作操作。我准备了十多个空酸奶盒，几百粒围棋子，让她一边口头数数，一边把围棋子放进酸奶盒，每满十个，就换一个盒子。

一开始的时候，她放到20以上就会出现困难，但慢慢地她掌握了规律：个位上都是1到10，十位上也是1到10。于是不久后，她能够成功地数数到100了。

这时候，我让她反复地比较数的大小。比较的方法，就是让她摆出27和72，38和45。面对着实物，小星能够准确地判断两位数的大小，并说出为什么。然后是离开实物，她也能够准确判断两位数的大小，并说出为什么——到这时候，我相信在她的大脑里，100以内数的概念才真正地建立起来。后来我时隔大半年再接手小星的数学教学，发现她读不出百位数，譬如356，她对第一个数就没法读——也就是说，这后来的大半年中，她的数学又停止了。

我对小星的辅导并没有停止在 100 以内数的认识上，事实上，利用围棋子，我重新教学了她之前机械掌握的十位数的加减。现在，通过加法时满十成盒，或者减法不够时借一盒围棋子的方法，她完全理解了两个十位数相加减的意义。

再然后，我们就向乘法口诀进军：先是继续通过围棋子，几行几列，再分别用加法和乘法来计算总量……

这个过程是十分艰难的。在整个过程中，只要我稍有一点不耐烦，或者生气，小星就会恐怖地发愣，这时候，哪怕 3+2 这样的数学题，她也会答出 8 这样的答案。这在心理学上叫习得性无助，以前学习的恐怖经历，使得她和像她这样的孩子想要被扭转过来，变得极为困难：这不仅仅是智力问题，这个智力难题必须在绝对的安全、成功、微笑、充满鼓励的氛围中，才能被解决。丧失这些前提，智力困难不但不能解决，而且极可能会加剧那种恶性循环。

在大约两个月的时间里，我教会了小星 100 以内数的认识，100 以内的加减法，表内乘法，以及初步的表内除法。然后因为事务原因，我把小星交还给了教室。

这两个月的特别教学，让我们相信一点：采取高密度的介入式治疗，辅助以情感治疗，这些孩子或快或慢，能够在智力上得以恢复。

到今年 3 月，小星已经能够在提前简单补课的基础上，语文完全跟上同班同学的脚步，她的生字听写正确率在 70% 左右，能够有感情地朗读课文并知道其中的意义，有时候一个人读简单的故事书会自个儿大笑起来。最近，她甚至全文背诵出了语文课本中的林清玄的《和时间赛跑》这篇很长的散文。

但在数学上，因为上学期没有能够采取这种介入式治疗，所以上学期所学的除法，百位以上数的认识和加减，以及所有应用题，她都没有能够跟上。本学期我教她所在班级数学，第一单元是个难点，是没有任何基础知识的“方向与位置”，小星基本上跟上了学习。但后面任何需要基础的知识，她都出现了严重障碍。要构建起清晰的数学图式，显然她还需要更多的时间。但更显然的是，一种可能性已经开启：教学，能够使得脱落的大脑中的突触重新产生连接！

用丰富的学校生活，恢复一个构造合宜的大脑

事实上，我并不认为小星的"苏醒"单纯是语文和数学学科上不懈努力的结果，而是认为，让小星等孩子得以复苏的，是整个日益丰富的生活，甚至必须包括营养、温暖、光线……

罕台新教育实验小学地处沙漠与草原的分水岭上，草木稀少，校外即是一片黄土。但是在每间教室里，种植着各种花草。每年冬天，许多教室有水仙种植的仪式：不起眼的水仙花球慢慢地萌芽，在二三十天之后吐露出迷人的色泽和芬芳。这个过程由于老师的引导，由于施加情感和道德力量的关注，将会对每个孩子意味着什么？事实上，正如班主任老师所描绘的那样，水仙花开的那一天，小星第一次主动整理了自己的课桌和书包，而从那时起，她日益变成一个干净漂亮的小女孩。

从二年级开始，每间教室要在共读童书的基础上，演出童话剧。这是一个盛大的工程，每个孩子参与期间，甚至家长也帮着制作道具和服饰。虽然没能出演主角，但是小星这些孩子，都成为故事中的角色，完整地穿越一个有意义的故事。小星所在教室在三年级上学期演出的是著名的童话《夏洛的网》，他们的演出非常精彩成功。而戏中的角色，生活中的抉择，就这样被交织着。事实上，小星们就是故事中的"威尔伯"，而罕台的老师们则立志成为"夏洛"，要拯救这些可怜又可爱的孩子。

如果没有生活中如此相似的原型，孩子们对这个经典的理解不可能这样深入。如果不是这个故事，孩子们对生活的理解不可能这样深入。

这一年半里，小星学会了吹竖笛，能够用竖笛吹奏出校歌、《欢乐颂》等歌曲。

在今年寒假，小星开始一页页地写作，虽然有许多错别字，语法也

不太规范，而且故事的意思往往不够连贯，但她开始快乐地写作，写出满满一页纸的故事……

事实上，小星仍然处于"濒危动物"的名单中，她飞速的进步仍然无法让她有足够的能力跟上正常教学，而如果一旦中断特殊教育，她健康发展的希望仍会非常渺茫。而在道德发展上，她也仍然停留在功利阶段（逃避惩罚、追逐奖励），而没有能够到达"我要成为一个好孩子"这个阶段，更谈不上后面更高的"将心比心"等道德阶段。但是，只要这丰富的生活依然能成为她的空气，为她而设计的介入式疗治能够持续两三年，那么她就将彻底地迎来生命的春天。

"教育狼孩"现象的三个时期，我们无法改变第一期，但完全能在第二期让孩子进入良性教育学循环，以避免第三期恶果——虽然从成本上来说，这样的投入与产出，完全不是任何教育经济学可以考量的；而且这种教育的意义，也压根没法用任何一种评估办法公正地评估。

牛尾巴为什么不能翘起来

谈深度解读与贴切教学，兼与郭初阳兄就《牛尾巴为什么要翘起来——评〈画家与牧童〉》商榷。

在新教育研究中心团队前往杭州萧山实验区做新教育通识培训的途中，大家读到了墨气犹香的《读写月报·新教育》杂志 2008 年第一期，一致认为，郭初阳《牛尾巴为什么要翘起来——评〈画家与牧童〉》一文，是整期杂志中思考含量最大，最具阅读、研讨价值的一篇文章。

因为我在 2007 年春"新教育贵州行"活动中，曾上过《画家与牧童》一课，所以大家就把我在上课时的教学选择，与郭初阳在文中的观点，做了一些参照与印证，讨论：郭初阳批评得对不对？我为何没有将相似的艺术创作观点纳入课堂教学？如何解读才是合适的？如何选择教学目标、确定教学内容才是适宜的？

在讨论过程中，我对一些有关科学、艺术、教学内容方面的问题做了澄清，提出了"深度解读""多层面思考"和"依据教材规定及学生实际来进行贴切教学"的观点。讨论主要涉及以下几个不同层面的问题：

一、科学，或者说水牛层面：水牛相斗时，尾巴究竟有没有翘起来？

二、艺术，或者说画家层面：戴嵩为何没有让斗牛的尾巴翘起来？

三、故事，或者说作者层面：谁是故事的合法作者？众多版本中，你相信哪个故事（寓言）？

四、教材，或者说课程层面：编者想用"它"来做什么？

五、教学，或者说教师层面：我们最终用"它"做了什么？

现在，我逐一对以上的问题做具体的分析：

第一，科学，或者说水牛层面：水牛相斗时，尾巴究竟有没有翘起来？

虽然戴嵩是大画家，故事是从戴嵩的名画《斗牛图》开始的，但是，在相当长的时间内，人们并不是从艺术品的角度，而首先是从科学事实的角度来书写和讨论这个关于牛尾巴的故事的。所以即使是认为牛尾巴在绘画中完全可以翘起来的郭初阳，也对此做了大量的查证，从其他的艺术作品，从对天山牧场上写生的画家的访谈，来印证郭文的一个观点：现实中斗牛的尾巴未必一定是夹着的，它在很多时候是翘起来的！

在查证的基础上，郭初阳说："所以不可迷信他人的意见，即使是'放牛专家'牧童，看到的也只不过是浩瀚自然的一角。优秀的艺术家，有的是持久、深入、广泛的观察——加倍的观察。"

看来，无论如何，我们确实先有必要进一步查证：牛尾巴，究竟有没有翘起来。

当然这里有必要澄清的两个概念："要不要翘起来"，与"有没有翘起来"。这是两个不同领域的概念，是不能混淆起来的，"有没有翘起来"是一个"科学""实然"的概念，"要不要翘起来"可以看作一个"艺术""应然"的概念。我们先解决"有没有翘起来"的问题，再来讨论"要不要翘起来"的问题。

水牛相斗时，尾巴有没有翘起来？——非常遗憾，虽然我小时候也放过水牛，也常常遇到水牛相斗时无法劝解，只能叫大人来拉开水牛的尴尬，但是，我确实记不得水牛相斗时，那几根尾巴究竟是翘着的，还是夹在双股之间的。在中学时读了苏轼的《书戴嵩画牛》之后，才仿佛记起，牛相斗时，尾巴是夹在双股间的。不过这种记忆极不可靠，它极可能是阅读了文章之后模糊记忆被改写的结果。

同样遗憾的是，在郭初阳文章的大量查证中，竟然没有提供更为确凿的科学证据——照片以及录像。而所有以为牛尾巴未必是夹着的观点，呈现的主要是艺术品而不是科学证据；证据中的牛大都是"黄牛"，而不是故事中的"水牛"。要知道黄牛与水牛是两种差别极大的动物，这差别虽然没有像与"海牛""牦牛"的差别那样大，却同样不容忽视。譬如黄牛就不能下水，有极度的恐水症，而水牛却喜欢水。从黄牛相斗时尾巴"或许翘起来"的现象，是无法否定牧童提出的"水牛相斗时尾巴夹在双股间"的观点的。

在郭初阳所提供的证据中，只有画家张录成的画中，画的似乎是水牛，其余多半是黄牛。而张录成生于甘肃，长于北方，虽然其画牛亦受大师李可染的影响（李可染画的是水牛），而且也到南方写生过水牛，但观其画，主要是受画马大师徐悲鸿的影响，所画之牛，其精、气、神，莫不如奔马、草原上的奔牛。这可以视为一种源于生活但不拘泥于生活的艺术创作，但显然不能作为科学证据。

为了查证这一从小悬在心中的疑问，我通过百度查了大量的照片，发现所有能看到的水牛相斗时的照片，没有一张是尾巴翘起来的，当其激斗时，尾巴果真是紧夹于双股之间！

牧童果然没有撒谎！

有一幅是黄牛相斗时的照片，虽然牛没有夹尾相斗，但也并非摇尾而斗，当然，这已经不再重要，因为我们要查证的，只是家养的水牛相斗激烈时尾巴有没有翘起来。

忽然想到，熟谙于文本解读、严谨求实的郭初阳兄之所以"误读"了这个文本，认为牧童观察不如画家仔细，所以有此错误的批评，究其原因同样在于：郭兄对牛不熟悉，分辨不清水牛与黄牛。而我本该服膺于郭兄的解读以及查证，但还是能站起来说"其实也并非如此"，原因也只是我做过几回牧童，至少能够分辨清相斗的，以及所画的，是水牛还是黄牛。

这一回，郭兄做了大画家戴嵩，我扮了小牧童。"'耕当问奴，织当问婢。'不可改也。"

对此点也可总结如下：现实中的水牛，大概是不会在相斗时把尾巴翘起来的。

第二，艺术，或者说画家层面：戴嵩为何没有让斗牛的尾巴翘起来？

以上所述，是科学层面：水牛相斗时，尾巴有没有翘起来。但毕竟戴嵩是个大艺术家，我们若不能从艺术层面来加以思考，就可能会捡了芝麻丢了西瓜。也就是说，我们确实需要分辨现实中的水牛与绘画中的水牛，不可将二者混为一谈。

这一点，也可以视为郭文最有启发价值的地方。在批评中，郭初阳借用艺术批评中的"镜子说"（忠实描绘、纯粹客观），对"事实"与"艺术"进行了必要的区分。借助法国画家、野兽派创造人马蒂斯的观点，郭初阳清楚地表达了自己的看法：作为艺术，绘画本不必写实；纵然牛相斗时两股夹尾，在绘画中为了需要，完全可以，甚至有必要把它们画成掉尾而斗。

这种艺术观点是不是真理？有没有必要以此修正戴嵩故事中一些人所执的"镜子说"？我想在此，还是有必要先简单地澄清一下绘画艺术史上的几种"艺术观"，以及背后的"认识论"。

人类绘画观上最先出场的，是占据了漫长历史中大多数时期的"镜子说"或者"模仿说"。从古埃及和古希腊开始，直到现代社会之前的绝大多数画家、雕塑家，无论成就高低，其所执的主要艺术观，就是"镜子说"。其哲学基础，则可在柏拉图的"理型"中能够找到线索：现实事物是对神的世界中的理型的模仿，艺术是对现实事物的模仿……

著名的画家达·芬奇，就是"镜子说"的代表人物之一。在《达·芬奇讲绘画》一书的封面上，印着如下文字：

> 达·芬奇把绘画视为科学，所以他主张"镜子说"或"模仿说"，认为"画得最像的，就是最好的"。
> 他是西方绘画体系中"写实主义"的最高代表与最后代表。

他一再宣称最好的绘画就是与对象最相似的作品，绘画应该准确匹配自然，并以此为标准要求自己；但他当时已经知道，许多画家正试图改变作品对自然事物的"仿造"形式，"矫饰主义"或"风格主义"已然抬头。他正处在"写实主义"之顶峰与衰退的关节点上。

而在《达·芬奇讲绘画》的扉页上又写道：

    他说："镜子为画家之师；你的图画就像一面大镜子中看到的自然物。"

达·芬奇的艺术观是否正确？其画作是不是真的只是镜像般反映了外在事实？我想这可能不是我们在这里能够做简单的判断的。但有两个事实值得我们深思：

其一，达·芬奇是绘画史上最著名的画家及理论家之一，他的观点值得我们"深思"；

其二，如果镜子就是画家之师的话，那么照相技术就是最好的绘画，照相的出现，就可以宣布绘画的死亡。

显然，事实既非简单在此，也非简单在彼。所以，在文艺复兴之后，现代绘画逐渐崛起，从莫奈、高更、凡·高等印象派画家对写实主义的逐渐背弃，到20世纪野兽派、表现派、立体派、超现实主义等众多现代绘画流派的涌现，绘画艺术观也进入了另一个重要的时期。这个时期的绘画从根本上否定写实传统，强调绘画要表现画家的主观精神，以象征、变形或抽象符号来折射、隐喻、暗含外部世界，表现悲观、扭曲、失落的思想或狂热、烦躁、激动的情绪。

但是，这显然也并非绘画的"终极真理"。进入后现代以来，绘画又从现代主义对写实传统的坚定反叛，走到了更为多元的道路上。在这个时期，无论是写实主义，还是以表现为主的现代主义，都不仅拥有大量的画家与作品，而且艺术观点也呈现出多元并存的局面——当然在哲学及文艺理论上，一种被称为"构成主义"或者说"表征理论"的观点，逐渐取代"镜子说"和"表现说"，成为符号学的主流观点。这种理论甚为精微，却并不是我们需要在这里澄清的概念。

我借此次梳理无非是想说：艺术史上，以及当今艺术界，对究竟哪一种艺术观点才是艺术的"真理"，可能并无一个定论，人们完全可以依据自己的理解，择取观点来作为自己理解艺术的武器。而一个画家，无论他采取哪一种艺术观，其作品想必一定是"内心世界的表现""现实形象的独特再现"及"特定社会文化的表征"这几者的完美结合。更重要的是，无论古代画家的作品中有多少表现或者写实的成分，他一定会执一个不完全等同于今天的艺术观。在他的艺术观中，或者在他那个时代的流行的艺术观中，对作品与现实，也一定会有不完全等同于今天的观点。

也就是说，我们不能将今天的艺术观强加于古人的头上，不仅认为古人也执我们今天的艺术观、绘画观，而且还欲强令古人修改他们的艺术观点，而认同我们的艺术观。

那么作为唐代画家的戴嵩，以及宋代画家、文学家的苏轼，他们所执的又是怎样的艺术观呢？在他们的时代，主流的艺术观是"镜子说"，或者"表现说"或者"表征说"呢？

观赏了一定数量的唐宋绘画作品，我们就会感受到，唐宋既是一个艺术百花齐放的时代，又是一个写实主义绘画占着主流并达到高峰的时代。在隋唐以前，绘画中经常出现"人大于山""水不容泛"的情景，全不合比例尺度。这种不合比例并非体现了"艺术的表现说"，因为这种不合比例的绘画对于写实，是"非不为也，是不能也"，是因为当时绘画表现手段还没有达到能满足写实的要求。而到了隋唐，在吴道子等一大批画家的努力之后，绘画在山水、花鸟、人物诸方面，都在写实方面有了极大的突破，作为画牛名家的戴嵩，正是这众多写实画家中的杰出代表之一。

"在中国绘画史上，唐宋时期的绘画呈现出一种异于其他时代的总体特征。它不同于先秦两汉艺术的稚拙大气，不同于魏晋南北朝'畅神'理论指导下的'迁想妙得'与'澄怀味道'，也不同于元代绘画的极端抒情写意，更迥异于明清时期注重笔墨个性、流派纷呈的绘画。唐宋绘画的主流是一种写实主义，尤其是在宋徽宗时代，这种写实主义发展到了一种极致。"（吕少卿《论唐宋绘画的写实主义倾向》）

可以说，以写实为主要风格，追求形神兼备，通过写形来达到传物体之神韵，是唐宋绘画的主要风格和主要绘画观点。这些观点与见解，不时可见于当时文人的笔记。如唐代白居易《记画》中说："画无常工，以似为工；学无常师，以真为师。"宋代韩琦《安阳集钞》中说："观画之术，唯逼真而已。"

而在宋朝周辉的《清波杂志》的一个与戴嵩有关的故事中，这种写实以传神的艺术要求，达到了神话般的传达：

　　米元章酷嗜书画……客鬻戴嵩《牛图》，元章借留数日，以摹本易之而不能辨。后客持图乞还真本，元章怪而问之，曰："尔何以别之？"客曰："牛目有童子影，此则无也。"

以上观点，我们不必辨其正误；以上故事，我们不必辨其真伪。只是通过以上故事及文论，我们可以确信，写实，是当时绘画艺术的主要潮流。而所谓传神，也并不同于今天所说的表现画家内心的情绪及思想，而是传所写之物的精神、气韵。虽然自唐代开始，已经有王维等人另辟蹊径的艺术观点，并偶有"雪中芭蕉"的艺术创作特例，但有两点我们应该可以确证：唐宋绘画及其画论，以写实为主；戴嵩正是众多写实画家中的杰出代表。

常见介绍戴嵩的文字如下：唐代画家。韩滉弟子，韩滉镇守浙西时，嵩为巡官。擅画田家、川原之景，写水牛尤为著名，后人谓得"野性筋骨之妙"。相传曾画饮水之牛，水中倒影，唇鼻相连，可见其观察之精微。

这段短短的文字如果属实，那么它告诉我们：戴嵩师承于画牛大师韩滉，对牛有细致入微的观察，他所画的牛图，以逼真而博得大家的青睐。以下是传世的韩滉名画《五牛图》，以及戴嵩名画《斗牛图》，我们不但可以感受到这种逼真传神的写实主义画风，还可以观察到，在戴嵩真实的绘画作品中，牛相斗时，尾巴正如前面照片中的斗牛一样，是夹在两股之间的。

韩滉《五牛图》（局部）

戴嵩《斗牛图》（局部）

当我们进一步查找戴嵩所画的牛图时，将惊奇地发现：不存在任何一幅戴嵩所画的摇尾而斗的斗牛图，我们今天所仅能见到的几幅斗牛图，都是牛尾夹于股间的！

那么无论唐朝的戴嵩有没有听到宋朝的小牧童的批评，我们都得承认一个事实：戴嵩画牛，以写实为主要表现手法，他不是野兽派、印象派或者其他的现代绘画流派，而是非常典型的唐代写实派。我们也许可以批评当初的艺术"镜子说"不够前卫，但却不能否定戴嵩的绘画多少带了"镜子写实"的意味这一事实。而且如果我们诚恳地以时代来划分艺术观点，那么我们不得不承认，戴嵩的艺术观，是确定要被归入"镜子说"中的。

有意思的是，戴嵩还有一个弟弟，似乎已经有了一点想要从"镜子写实"中有所超越的味道，不过，在那个时代里，艺术欣赏似乎还没有达到表现内心的时机，所以他的突破，反而成了不如其兄的证据。宋朝的《宣和画谱》"戴峄"条记载：戴嵩之弟。嵩以画牛名高一时，盖用志不分，乃凝于神。苟致精于一者，未有不进乎妙也。如津人之操舟，梓庆之削镶，皆所得于此。于是嵩之画牛亦致精于一时也。然峄学嵩遂能接武其后。然喜作奔逸之状，未免有所制畜，其亦使观者知所戒耶！

现在看来，戴峄想走的，可能正类似于当代画家张录成所走的道路。

以上不厌其烦的引证，只为证明，对"镜子说"的批判，用于戴嵩、苏轼、牧童，以及唐宋这两个时代，或者并不是最恰当的武器。我们一方面要认识到，戴嵩所画斗牛的价值，可能并不在牛尾巴有没有翘起来，但另一方面我们也必须诚恳地认识到，对当时人而言，逼真是一个非常高超的艺术追求，是评判绘画艺术的主要依据之一。

也就是说，从绘画艺术的角度来说，戴嵩的"牛尾巴"事实上并没有翘起来，也没有必要要求它翘起来。或者说，画家戴嵩，是不会赞同让他的画中牛翘起尾巴来的。

第三，故事，或者说作者层面：谁是故事的合法作者？众多版本中，你相信哪个故事（寓言）？

如果我们接受艺术的表现说，认为在艺术中，画家们为了表现斗牛的怒气，甚至为了表现画家的愤懑，可以忽略斗牛夹尾而斗的事实，让它们"怒发冲冠""怒尾而摇"，那么同样是在艺术中，作家也可以为了表达"实践出真知和艺术源于生活"的观点，让明明画牛无不夹尾而斗的画家，在故事中"画"出摇尾而斗的场景，让明明不存在的牧童站出来指出画家的缺点……这一切，只为证明作家心中"实践出真知和艺术源于生活"的观点。

也就是说，当绘画可以不是写实而在于表现的时候，故事也并非一定需要"写实"，而可能也同样是旨在"表现"。

在这里，我们探讨的是"故事"是否属实，以及有没有必要属实。

从我们所能获知的戴嵩的《斗牛图》，以及戴嵩在画史上的地位来分析，我们基本可以揣测，说戴嵩画出了摇尾而斗的牛是一次蓄意的"栽赃""污蔑"。

而如果你碰巧读到几个不同的古代文本，就会发现这样的"栽赃"与"污蔑"还不是唯一的。

画家与牧童的故事，见于苏轼熙宁元年（1068年）所作的《书戴嵩画牛》：

> 蜀中有杜处士，好书画，所宝以百数。有戴嵩《牛》一轴，尤所爱，锦囊玉轴，常以自随。
>
> 一日曝书画，有一牧童见之，拊掌大笑曰："此画斗牛也？牛斗，力在角，尾搐入两股间。今乃掉尾而斗，谬矣！"处士笑而然之。古语有云："耕当问奴，织当问婢。"不可改也。

我们从文章中无法确定这个故事最初的作者是谁，但这显然是东坡先生或依据传闻，或自己创作的一则"寓言"。借这则寓言，苏轼想说的是"古语有云：'耕当问奴，织当问婢。'不可改也"。用今天的话说，就是实践出真知，艺术源于生活。

有意思的是，戴嵩画斗牛，不仅有牧童版，还有一个农夫版，后于苏轼的宋朝人曾敏行在《独醒杂志》第一卷中，也讲了一个相似的"故事"：

（名臣马知节）尝珍其所藏戴嵩《斗牛图》，暇日展曝于厅前，有输租氓见而窃笑，公疑之，问其故。对曰："农非知画，乃识真牛。方其斗时，夹尾于髀间，虽壮夫膂力不能出之。此图皆举其尾，似不类矣。"公为之叹服。

显然，这两个版本所说的是完全相同的道理。故事的真实性，并没有因为版本的增加而增加；但寓言的道理，以及当时人的艺术观，却因为这些版本的相互印证，而得到进一步确认。

在这些版本中，同样身为画家，以及画论家的苏轼的观点，尤其值得咀嚼，因为他同样也说过："论画以形似，见于儿童邻"（苏轼《书鄢陵王主簿所画折枝》）。

在这里，我们首先要明确，古代形神之辨并不等同于今天的写实与表现之别，而是倡导一种写实以传神的特殊艺术追求，苏轼在其《书吴道子画后》中说："道子画人物，如以灯取影，逆来顺往，旁见侧出，横斜平直，各相乘除，得自然之数，不差毫末，出新意于法度之中，寄妙理于豪放之外，所谓游刃余地，运斤成风，盖古今一人而已。"这里，无论是"以灯取影"，还是"得自然之数，不差毫末"，都说明了在"镜子说"的基础上，又提出了"传神"（"一叶落而知天下秋"，以一叶之形，传秋之神）的艺术要求。

其次，我们还需要思考，苏轼在《书戴嵩画牛》中，与其说是在探讨艺术，不如说是在探讨实践与真理的关系。也就是说，作者借这个故事，主要想印证一个实践出真知的道理。

那么，我们应该把哪个版本的戴嵩画牛的故事，视为正统的版本呢？在历史上，是否真的有过戴嵩画牛的诸多故事呢？

戴嵩自己显然没有出现在最初版本的两个宋朝故事中，这两个故事中，前一个故事若是真实的，那么其"作者"就是杜处士与牧童，而后一个故事如果是真实的，那么"作者"就是马知节与农夫——如果不是实有其事，那么它们的作者，或者是某个匿名的编造者，或者就是苏轼和曾敏行。

如果这些不是实有其事，故事还有没有继续存在的价值？如果故事得到传播，传播者的意图何在？如果故事确系杜撰，编撰者的合法性何在？意图何在？

显然答案是：

作为逸闻，这些故事的真实性向来可疑，但既无从查证，也不须查证；

作为广泛传播的故事，人们借此既在传播一种"镜子说"的艺术观，又在传播一种实践出真知的知识观；

编撰者的合法性，已经并不在于故事的真实性，而在于寓面（故事）的可读性与寓意的贴切性、启迪性。

显然，尽管旨趣完全一致，但农夫版之所以不若牧童版流行，第一个原因是作者名气较小，第二个原因就是故事由放牛的小牧童出任主角，更具一种故事味。

当然，为了不同的需要，人们还可能利用一些历史上的原材料，来继续编撰一些新的"故事"。杨学良的《画家与牧童》就是一个想改写旧材料，并借此来说出新意思的现代版的戴嵩牛尾巴故事。这个故事经过教材编写者的改写，全文如下：

> 唐朝有一位著名的画家叫戴嵩。他的画一挂出来，就有许多人观赏。看画的人没有不点头称赞的，有钱的人还争着花大价钱购买。
>
> 传说有一次戴嵩的好朋友请他作画。画什么呢？戴嵩沉思片刻，决定画一幅《斗牛图》。他一会儿浓墨涂抹，一会儿轻笔细

描，很快就画成了。围观的人看了，纷纷称赞。

"画得太像了，画得太像了，这真是绝妙之作！"一位商人称赞道。

"画活了，画活了，只有神笔才能画出这样的画！"一位教书先生赞扬道。

"画错啦，画错啦！"一个牧童挤进来喊着。这声音好像炸雷一样，大家一下子都呆住了。这时，戴嵩把牧童叫到面前，和蔼地说："小兄弟，我很愿意听到你的批评，请你说说什么地方画错啦？"牧童指着画上的牛，说："这牛尾巴画错了。两牛相斗的时候，全身的力气都用在角上，尾巴是夹在后腿中间的。您画的牛尾巴是翘起来的，那是牛尾巴驱赶牛蝇的样子。您没有见过两牛相斗的情形吧？"

戴嵩听了，感到非常惭愧。他连连拱手，说："多谢你的指教。"

在教材的后面，编者用插图中学生发言的方式，直接提示了这个版本的戴嵩斗牛图故事的寓意：画家戴嵩虚心；牧童求真、勇敢。

除了文字水平，我们很难鉴别两个不同版本的故事的高下。既然出现了"镜子说"的苏轼版指出"艺术见解陈旧"的问题，杨学良版将其转化为"虚心、勇敢与求真"的寓言，似乎也有一点道理。

就我个人的观点，对于前人古文，还是尽可能不要改编为宜。如果今天学生学来还比较艰涩，那么我们可以等到学生再长大一些，能读懂文言原文了，再来学习也不迟。

当然，作家与编者为了需要，仍然有改编的理由与权利，只要不将这种改编说成原著精神、古人意思就是。所以，此文既然标明作者是杨学良而不是苏轼，我也就能够接受这个新的故事——它既然并不是苏轼所讲的那个故事，我就没有必要以那个标准来要求这个新的故事。待将来初中时学习苏轼版的故事时，正可以借小学二年级所学到过的故事，来切入、印证，构成互文。

但这三个版本中，无论是为了说明实践出真知，还是为了说明戴嵩的虚心，我们都没有必要在课堂上让戴嵩画作中的牛尾巴，突兀地、有理由地翘起来。也就是说，无论是苏轼、曾敏行还是杨学良，都不会同意让他们故事中的牛突兀地翘起尾巴来的。

当然，若从艺术的角度来改写，是能够有充足的理由写出一个新的戴嵩故事，在故事中，戴嵩画出牛尾巴翘起来，将不再是一种失误，而是一种超前的艺术观点——这将是戴嵩牛尾巴的第 N 个版本。

第四，教材，或者说课程层面：编者想用"它"来做什么？

郭初阳是中学的优秀教师，其文章主要是从教材的角度进行了思考，也设计了教学，但未涉及课程层面。这里仍然有必要从教材以及教材背后的课程层面，来阅读和理解一下《画家与牧童》这篇课文。我想对于实际的日常教学而言，此一维度的理解，也许是更为重要的；而从实际的现状来看，这个维度的理解事实上又是缺失最为严重的。

听小学的课，往往有一个令人莫名其妙的印象，似乎老师带着孩子们学来学去，一篇课文上了两堂课，就是为了在最后获得一个"道理"。

譬如杨学良的《画家与牧童》，似乎上过两节课，就只是为了知道"要虚心接受别人的批评"以及"要有求真求是的精神，要敢于提出不同的见解"的道理。而如果学苏轼的《书戴嵩画牛》，则就是了为获得"艺术源于生活，实践出真知"这一正确的艺术观和真理观。

这就是典型的"教教材"——其前提是：学生读不懂这个教材，所以要老师教给他们。

而另一种在此基础上有所改进的教学观，则是"用教材教"。这种观点的另一个表述是"课文无非是些例子"，通过这些例子，或者利用这些材料，我们想要授予学生的，是听说读写的能力，以及语文的一些基本知识。而所谓知识，也与能力密切相关，譬如"意象"这一知识，就是理解诗歌的一种工具，小说三要素这一知识，就是理解现实主义小说的一个工具……又因为知识是需要渐进理解的，旧知是新知的基础，因为能力是要渐进掌握的，原有能力是新能力的基础，所以这些知识与能力应该构成一个渐进的序列；如果这个序列存在着，并能够实现，那么它也就是一个理想的"课程"（履历）。

那么在小学二年级的教材中编入《画家与牧童》，其课程用意何在？或者说，结合着小学二年级的语文教育标准，这个教材可能怎样来使用？

显然，通过此课教学，理解知道"要虚心接受别人的批评"以及"要有求真求是的精神，敢于提出不同的见解"的道理，是一个附着文本之上的思想目标。纵然在本单元的导读上，教材编写者写道："从古至今，有许多品质优秀的人。有的人十分谦虚，有的人勇于承认自己的错误，有的人孝敬父母，关爱他人……我们要向他们学习，做品质优秀的好少年。"我们教师自己也应该认识到，这是写给学生的显性的单元主题，而在此主题背后，还应该有更为明确的有关知识与能力的目标。如果说我们在小学六年之后，将有一个达到语文高标准的"理想学生"，及一个达到基础尺度的"标准学生"，那么这两个学生在语文听说读写方面的能力，以及相关思想情感方面的涵养，就是我们六年之后所要达到的标准（在达到标准的基础上，当然可以超越）。

那么在二年级时，通过这个教材的教学，它应该指向哪些目标的达成呢？

在《义务教育语文课程标准》小学一二年级的阶段目标上，除了肯定需要教学并掌握的生字、词语，我们还可以找到可能与《画家与牧童》一课相关的如下课程目标（作为一个基础的标准，我们固然可以超越这些要求，但首先是要达到这些要求）：

（二）阅读

1.喜欢阅读，感受阅读的乐趣。

2.学习用普通话正确、流利、有感情地朗读课文。

3. 学习默读，做到不出声，不指读。

4. 借助读物中的图画阅读。

5. 结合上下文和生活实际了解课文中词句的意思，在阅读中积累词语。

6. 阅读浅近的童话、寓言、故事，向往美好的情境，关心自然和生命，对感兴趣的人物和事件有自己的感受和想法，并乐于与人交流。

8. 认识课文中出现的常用标点符号。在阅读中，体会句号、问号、感叹号所表达的不同语气。

　　教材编写者选择并编撰了相关的教材，就是为了提供一个平台、一些材料，帮助师生达到以上的课程及教学目标。《画家与牧童》没有必要将以上阅读目标全部纳作自己的教学目标，但显然，它首先要考虑，学生是否已经达到了以上标准。无论达到与否，教师都应该在一个整体课程的基础上，结合学生实际，来思考具体一课的教学。

　　我并不认为，当前的语文课程标准已经可以作为教学的"宪法"不容置疑。但毫无疑问，它应该被视为一个起始的凭据，一个可以修正的基础平台。

　　显然，在语文课程中，无论是二年级，还是六年级，都并没有将艺术的"镜子说"的辨析纳为课程目标——牛尾巴如果一定要翘起来，一是要基础扎实到几乎不必再学具体的语言文字，二是要找到更为确凿的理由（因为这显然不是一个解读文本的过程，而是一个阅读以外的绘画艺术讲座）。

第五，教学，或者说教师层面：我们最终用"它"做了什么？

　　就当前语文教学的现状来看，确实存在着太多的语文教师以"标准"为盾牌，人为地肤浅化教材与教学的倾向。因为标准既然是一个绝大多数学生都要达到的尺度，那么对教育发达地区和优秀的学生来说，在实现了这个标准之后超越这个标准，就不仅是可以的，而且是应该如此的。教学的现实永远是从孩子的实际情况开始，引领着孩子向着更高的目的地走去。

在这里有一对矛盾：教师的教以及目标，必须高过学生此时此刻的水平，不高过学生自学能够掌握的，课堂教学事实上也就没有起到应有的效果；同时，教师的教以及所制订的目标，又必须符合学生的实际能力，高过这个实际，一切理想的诉求，事实上都会成为课堂教学的浪费。

显然，对小学二年级的学生，利用《画家与牧童》来进行艺术认识论的辩证教学，或者不加辩证，直接传授一种表现主义的艺术观，都可能是并不恰当的。

直接将此文本与苏轼的文本进行参读，进而来探讨叙事的种种问题，也是不合时宜的。

至少当我站在贵州某小县城的小学二年级孩子面前时，我知道什么是可能合适的，什么则是肯定并不合适的。尤其是此课的背景，是一位优秀老师用公开课的模式教学此课，但效果不很理想的情况下，我们才讨论决定重上此课，探求有效教学的道路。

当时一个情况是，学生已经放学，全面布置预习已经来不及。因此，非常老实地，除了教学字词，我们将教学目标质朴地确定为：

1. 通过细读课文，从具体的语句中找出并感受戴嵩高超的画技和谦虚的品质，以及牧童的勇敢、求真精神；

2. 依据情节，能读出不同角色的不同语气。

也就是说，因为是低段，所以特别加强了朗读，而主要目标是学习与文本相符合、与年龄相符合的文本细读。

在实际教学中，为将不同部分的教学贯穿成一个整体，采用了一个特殊的策略：利用课题，作画家与牧童的大小之辨。

在学习第一部分前，出示课题"画家与牧童"，让学生说说，在听到"画家"这个词时，想到什么，在听到"牧童"这个词时，又联想到什么。依据其结果，出示大号字体的"画家"与小号字体的"牧童"，意指学生心目中事实存在的"大画家和小牧童"。

然后，利用课文第2自然段，来学习画家之"大"（画技高，有名）：

　　唐朝有一位著名的画家叫戴嵩。他的画一挂出来，就有许多人观赏。看画的人没有不点头称赞的，有钱的人还争着花大价钱购买。

教师问：人们的哪些举动（行为）能够证明画家戴嵩很著名？

简单分析，主要是：1.观赏（一……就……一挂出来，就有许多人观赏）；2.称赞（没有不。看画的人没有不点头称赞的）；3.购买（争着、大价钱。有钱的人还争着花大价钱购买）。这些文字，都紧扣住"著名"一词。

以上分析，也正是课后练习中的一道题，就这样结合着教学解决了。

然后出示课文第二部分中的第2自然段：

　　传说有一次戴嵩的好朋友请他作画。画什么呢？戴嵩沉思片刻，决定画一幅《斗牛图》。他一会儿浓墨涂抹，一会儿轻笔细描，很快就画成了。

这时，幻灯片出示李可染的《归牧图》，告诉孩子这不是戴嵩的画，是另一个大画家所画的牛，并问：仔细观察下面画中的牛，哪里用"浓墨涂抹"，哪里用"轻笔细描"？

李可染《归牧图》(局部)

　　之所以不用戴嵩的原牛而用李可染的牛，主要是因为这处教材出现了知识上的"故障"：戴嵩所画之牛，是写实的工笔之牛，不可能"一会儿浓墨涂抹，一会儿轻笔细描，很快就画成了"。但教学时又不能做这样的辨析，也没有必要做这样的辨析，出示李可染牛图，目的只在理解何谓"浓墨涂抹"，何谓"轻笔细描"。学生马上就能一一辨析：牛头牛身，是"浓墨涂抹"；牛角及牛笠等，是"轻笔细描"。

　　然后出示下一部分课文：

　　　　围观的人看了，纷纷夸赞。
　　　　"画得太像了，画得太像了，这真是绝妙之作！"一位商人
　　称赞道。

"画活了，画活了，只有神笔才能画出这样的画！"一位教书先生赞扬道。

…………

分角色读一读，问学生，这几句话，与前面课文中的哪几句话写的意思是一样的，学生找出来：他的画一挂出来，就有许多人观赏。看画的人没有不点头称赞的……

然后让学生猜一猜：下面会发生什么？

学生猜测之后，教师不做评析，直接出示台词，由不同颜色表示男女生不同角色的朗读，在最后，插入了"画错啦"的语句，由老师来读：

> 围观的人看了，纷纷夸赞。
>
> "画得太像了，画得太像了，这真是绝妙之作！"
>
> "画活了，画活了，只有神笔才能画出这样的画！"
>
> …………
>
> "画错啦，画错啦！"
>
> 这声音好像炸雷一样，大家一下子都呆住了。

教师读牧童的话后，马上出示原话：

> "画错啦，画错啦！"一个牧童挤进来喊着。这声音好像炸雷一样，大家一下子都呆住了。

问：为什么说牧童的声音"好像炸雷一样"？

这处辨析极为重要，通过辨析，学生清楚了，好像炸雷一样不是说牧童的声音大得像炸雷，而是说牧童的话起到了炸雷一样的惊人的效果。然后，让学生把这种效果读出来。

接下来，再让学生猜一猜：戴嵩和其他人会怎么对待牧童？

这就出现了课堂上的 AB 剧。在学生猜测之后，先出示剧本 A，这是教师依据原教材改编的：

> 一听到牧童的话，戴嵩就板起了脸，很不高兴。
>
> 围观的人们纷纷指责牧童，说这是谁家的小孩，如此不懂事，没有教养。戴嵩的朋友吩咐家人把牧童赶了出去。一个诗人悄悄地追了上去，问牧童："小孩子，你为什么说那幅画画错了呢？"
>
> 牧童说："那牛尾巴画错了。两牛相斗的时候，全身力气都用在角上，尾巴是夹在后腿中间的。刚才画的牛尾巴是翘起来的，那是牛用尾巴驱赶牛蝇的样子。因为画家没有见过两牛相斗的情形，所以就画错了。"

分角色朗读后，问：对故事中的戴嵩和牧童，你想说些什么？

简单讨论后，出示教师模仿课文插图制作的幻灯片：

> 戴嵩观察不仔细、不虚心接受批评。
>
> 牧童敢向大画家提出意见，很了不起。

这时，幻灯片在出示原大字号"画家"小字号"牧童"的基础上，将之修改为小字号的"画家"，大字号的"牧童"，意指画家的不虚心（小），以及牧童的观察细致，敢于提出批评（大）。

然后，出示课文中的插图，要求学生仔细观察画面，找出画面中谁是画家谁是牧童，猜猜他们在交谈些什么，说一说：戴嵩和其他人究竟是怎么对待牧童的？

学生依据插图，能够基本判定，画家在向牧童请教。于是，就出现了课文情节发展的 B 剧：

这时，戴嵩把牧童叫到前面，和蔼地说："小兄弟，我很愿意听到你的批评，请你说说什么地方画错啦？"

牧童指着画上的牛，说："这牛尾巴画错了。两牛相斗的时候，全身力气都用在角上，尾巴是夹在后腿中间的。您画的牛尾巴是翘起来的，那是牛用尾巴驱赶牛蝇的样子。您没见过两牛相斗的情形吧？"

戴嵩听了，感到非常惭愧。他连连拱手，说："多谢你的指教。"

然后再从"画错啦"开始，由教师与学生分角色扮演读课文，第一遍带入指示语，第二遍去掉提示语，直接读出语气，做出相关的诸如拱手等动作：

"画错啦，画错啦！"

"小兄弟，我很愿意听到你的批评，请你说说什么地方画错啦？"

"这牛尾巴画错了。两牛相斗的时候，全身力气都用在角上，尾巴是夹在后腿中间的。您画的牛尾巴是翘起来的，那是牛用尾巴驱赶牛蝇的样子。您没见过两牛相斗的情形吧？"

"多谢你的指教。"

在此基础上，再将课文全部对话结合起来，分角色进行课文表演朗读。

最后，再回到课题——画家与牧童，这回出现的是同样大小的"画家"与"牧童"，因为我们同时要向画家学习"虚心"，向牧童学习"敢于提出意见"。

> 大画家戴嵩多虚心哪!
>
> 牧童敢向大画家提出意见，也很了不起。

然后，出示了戴嵩《斗牛图》，让学生仔细观察画面，尤其注意牛尾巴，说说发现了什么。学生正如在画上题诗的乾隆皇帝一样，认为戴嵩是在听了牧童的批评后改进了画牛的细节。

结论：深度解读与贴切教学

解读，可视为阅读以及阅读教学中的知性行为，也是一个读者阅读力的主要表现。在当前语文教学中，普遍缺失解读的意识，更不必说自觉的解读过程的呈现，这也正是郭初阳等人的价值所在。可以说，解读才是真正的启蒙、自由与解放，或者说，必将带来真正的自由与解放。

对一个教师而言，解读要不厌其深，教学务必贴切，这是我个人的观点。

而深度解读，并不是指时下流行的多元解读、创新解读或者求深求怪的解读，而是指要尽可能用历史主义的、复杂性的眼光，对文本做一全面观照，以理解的姿态聆听文本的信息，认识作者及所处的时代。

无论哪个文本，深度解读都可以同时从如下维度进行。

题材或者主题：以《画家与牧童》而言，是科学意义上的斗牛，以及艺术上的斗牛。

作家以及时代：作品，永远是一个作家内心以及时代的曲折映射，没有人可以突破时代而存活。如果说社会及时代是稳定的"语言系统"，那么作品就是这个语言系统中的"言语行为"；你们既可以通过作品窥视一个作家及其时代，也可以通过时代及作家生平理解作品。

叙事角度，以及文体角度：你以故事、史实、寓言不同的文体视角来对待这些故事时，其意义会发生微妙的转变。

政治或者道德角度：其实我们也可以发现，"写实主义"多少是与敬畏天命、敬畏等级、敬畏现实有关联的；而"现代主义"，则与自由、不安全相关联。

…………

但是，作为语文教学的多元解读，它在符合一般意义上的文学解读的规则的同时，还应该符合教育学与语文学科维度的规范。也就是说，对于语文教学中的文本解读，它将同时受到文学批评的规则、教育学的基本规律和语文学科特殊目的与规则、儿童心理学的限制，我们不妨将此视为语文多元解读的"界"。

对于教师来说，无论是对科学，对艺术的理解，无疑是掌握得越透彻越好，这样，就能避免在课堂上，顺着作者也灌输起"镜子说"的艺术论，或者将寓言视为史实，当成真实故事来教，然后在孩子长大后，发现自己上了当。

但是，教师在教学中同样需要克制，不将自己个人的世界观、艺术观、道德观简单地灌输给孩子。譬如在此课中，面对二年级的学生，就并不适合批判达·芬奇以及戴嵩的艺术观点，并且不适合将现代艺术抬高到古典艺术之上，也并不适合做文本叙事的流变史分析。

教师确实需要一桶水，甚至是一池活水。但是，在课堂上，仍然不能将这一池春水一股脑儿地泼上去。

贴切的教学，一半来自深度的中允的解读，另一半来自对当前儿童的深刻理解。

是教《金字塔》还是教"金字塔"

　　大概是 2008 年的学校内部（宝应实验小学新教育校中校）
教研随笔。副标题：借评陆咸喜老师《埃及的金字塔》一课说说
语文教学内容。

　　刚才有一老师评此课，说此课犹如金字塔一样，既有内容之宏伟，
又有形式之精巧。我想，我就借这个评语中的"内容"和"形式"之辨
入手，也来说说此课吧。

　　我们知道，教学有内容、形式之分，文本有内容、形式之分，但是
教学内容不完全就是文本内容，它们的关系应该是：

　　　文本内容
　　　文本形式
　　　教学内容
　　　（依据需要从上择取）
　　　教学形式
　　　（依据教学内容来选择合宜方式流程）

　　文本内容，就是文本所承载的、所欲表达的"意"，包括介绍的事物、
讲述的故事、所刻画的人物形象、所抒之情、所言之志……

文本形式，就是其体裁、结构、语言、味道、消极修辞和积极修辞……

教学内容，就是我们所欲传授与习得的东西；教学形式，就是我们采取的方法和流程。

而我们当前语文教学的问题正在于：

一、过度关注教学形式，无视教学内容；

二、把文本内容直接当成教学内容。

用我的一贯的表述方式说，就是教学《莫高窟》时，只教"莫高窟"，忽略《莫高窟》；教学《金字塔》时，偏重"金字塔"，忽略《金字塔》。

我用加引号来表示其学习内容为文本所指之物，用加书名号来表示其学习内容为文本本身（尤其是文本形式）。

我以为，对大多数文本而言，学习内容应该是文本本身，而主要不是文本所指之物。而文本本身又有内容与形式这相关联的二者，对大多数教材而言，所学的主要应该是其形式，是其形式如何表达其内容的方式。但这又不能绝对，更不能割裂，不能无视形式乃是具体内容的形式，内容永远是不可脱离精神思想加以理解的内容。

如对《春晓》或《如梦令》而言，我们固然可以用它们来学"有我之境""无我之境"或另外其他诸如押韵、平仄等语文知识。但是，作为文学经典，其文本本身传达的情、意，反而是我们首先要教学的内容。相比而言，"有我之境""无我之境"等，只是理解这些文本的比较称手的工具，是第二位的。

而对《莫高窟》和《埃及的金字塔》而言，学习内容却主要不是向学生介绍"莫高窟"和"金字塔"，而是一种特定的文体表述方式，即说明文的表述方式。

这一区分不可不察。但这一区分并不表示，上《莫高窟》或《埃及的金字塔》时，就不能有情感，不能延伸一些所介绍之物的另外知识，不能唤起学生对莫高窟和金字塔的神往之情。

这一区分是强调，B类核心教学目标，既在确定时要准确，又在落实时不能流于形式，走走过场，作为一星半点的点缀，以表示自己的课堂也关注了知识教学，有工具性，而是必须把注意力的焦点、前景放在文本的形式上，而把金字塔和莫高窟这两个现实世界中的具体事物，当成教学的背景。

以我们骑自行车为例。学车的时候，我们关注的焦点在骑车本身；我们骑车去某个地方时，我们关注的焦点事实上在那个要去的地方，或者另外的事情上。在这时候，骑车一事只是你注意力的背景，你默然地骑着车。但是你学车的时候，却不可能这样从容。

把这个比喻迁移到课堂上，也就是说，就此教材而言，我们关注的焦点本应该在《埃及的金字塔》这个文本上，而且依据文体，应该主要是其语言形式，是其结构，以及说明方法、说明语言。

当我们把关注的焦点放在实物金字塔上的时候，面对其宏伟大气的特点，我们的课就难免会上得激情澎湃；当我们把关注的焦点放在说明性文本《金字塔》上的时候，面对其朴实精确的特点，我们的课自然就会上得从容清晰。

举例而言，当我们分析课文"这座金字塔高146米多"这句话时，前者会惊叹其高大，啧啧称叹；后者会注意这句话表达的方式，追问："为什么是'高146米多'，而不是'很高很高，高得像一座山'；是'高146米多'，而不是'高146米'？"

举我们此刻所坐的小圆厅而言，它是大是小？你若问学生，这是一个说不明白、无法回答的问题。因为它比学生平时所坐的教室大得多，但比我们的大会堂小得太多。所以，这就只能通过比较，通过具体的数据，才能准确地说明这个问题。这就是说明文中说明方法的必要性，以及语言的准确性。

如果我们的兴趣及注意力在前者，我们会抒情地读这几句话，读出它的高大宏伟；如果我们的兴趣及注意力在后者，我们会准确地读这几句话，希望听者能够从容地重现其准确的数据与形象，而不是得到一个感性的、有过多情绪的印象。

这也就涉及课文朗读以及朗读指导的问题。

词语带着特定的感情色彩吗？我们读一本字典的时候，该不该时悲时喜？该不该见"圣"字而俯首，见"罪"字而谴责？

就像我在教学《春晓》一诗时，事实我所做的朗读指导，就是在去干净朗读时的感情，要学生做到无情之情，用一种明澈清净去朗读这首诗，而不要把外在的情感贴到文本上去。

陆老师此课，其优胜处给我们以良多启迪，但是其更大的价值，是能够启发在座各位思考一些更深入的东西。除上面所说，诸如读厚与读透之时，向外与向内之间，文本结构与课堂结构之间，如何让课堂围绕着一个真实的"思"之问题而展开，都有好多可以探索的东西。这都是陆老师此课带给我们的收获。

总而言之，陆老师此课，如塔之雄伟壮阔而又不失其精巧。但是我们知道，这一课或还可以上得平实精确而不失形象生动。

我们孜孜不倦，只是因为我们相信：

精彩的教研造就教师的精彩；平庸的教研造成教师的平庸。

部编低段识字教学初探
——以《难忘的泼水节》为例

统编语文新教材的一大特点，就是低段识字量特别大——曾经北师大版教材也尝试过类似的努力，结果因为一线教师对课程与教材的误解而失败了。

在一、二年级教师那里，凡识字写字，就是小学最最重要的事务——其实是最可以把握的事务，同样可以把握的还有朗读，除此以外，语文似乎很难把握、很难训练，更难见到效果。

结果，大量识字到了一线课堂上，就成了一半以上时间用来机械地识字教学、写字教学，课文仅仅完成了朗读，以及重复性字面理解——也就是说，识字耗费了过多时间，而文本的教学因此受损，两个事务都变得机械单调。

学生的识字量从何而来？我曾经在许多场合重复过：它积淀于海量的故事与阅读，是词语在不同的故事、相似的语境里一次次反复出现，首先在语言上变成老朋友，然后在阅读中同样潜移默化地因多次相逢而成为老朋友。在一般情况下，学生只要在整体语境下认得那个字，就基本达到了目的。而教材中的识字，仅仅需要再提升一级：能够在它单独出现时也读出来。

那么，你怎么知道哪些"认字对象"（学生）是还不能在语境中正确阅读，以及独立认读的？

在没有确定这一点之前，我们需要花大力气一个字一个字"认认真真"地全部摸一遍吗？

这样机械地统摸一遍很可能不是生字的生字，如果不构成新的认知，也就是并没有认识了未认识的汉字，那么孩子的课堂感受会是什么？学习的效果究竟如何确定或者测定？

所以，最最传统的"小火车""每个生字读两遍"恰恰成了有效的手段——用最少的时间，完成认字中的"识别字形、准确读音"，并在课文阅读中，完成汉字基本语境义的了解。我认为，这就够了，假如要扎实一点，那也不是多花点课堂时间折腾认字，而是课后以某种方式，要求每个学生完成"卡片式认读"，甚至可以要求组词。

但这显然和全人之美课程倡导的字源识字的理念相冲突！

当然，快速认字省下来的时间，就可以挑选部分关键字，进行"字源教学"。挑选的依据有二：一是汉字自身的教学价值，二是这个汉字在课文中的价值。最好是二者合一。

插一句题外话，南明教育旗下学校全人之美课程的字源教学中，机械地把所有生字讲一遍，一直是部分老师的错误，他们把备用资源当成了教学内容，也没有找准最有教学价值的汉字。

我们教学的，永远是规律，是某种具体的思维，而不应该是全部堆积如山的知识。

那么《难忘的泼水节》一课中，哪些汉字最有精微教学的价值？

永远居于第一位的，那就是学生读错、生涩的那些字。比如我在龙美小学听这课时，学生读不出"敲"字，老师没有讲解，只是帮助正音后继续读。但是，学生不认识或者读错了，往往是有原因的，这时候用字源讲解一下，学生一定会印象深刻。"敲"字是形声兼会意字，攴（pū）是个象形字，用手拿着小棍在敲击，而"高"是声旁，也表示发出的声音。

更典型的案例是我昨天出丑的课堂《女娲补天》，因为我出示的陌生教材里用了"冶炼"这个词，学生读成了"治"。所以我就用字源法讲解："冫"是冰字的简写，是个象形字，我们在"寒冷""冰冻""凛冽""冬"这些字词里都能够遇到，但是为什么"冶炼"二字中的"冶"要用"冫"旁呢？炼字用火旁就很好啊。原来冶炼的目的就是要让金属像冰一样融化，所以用了"冫"旁。

　　类似的讲解，针对未知、好奇而讲，永远是有效且高效的，而且很难忘。

　　这类精微识字，从学生的认知而来。但另外一些精微识字，从汉字本身和教材而来。比如《难忘的泼水节》，我建议选择"泼、族、祝、福"四字来进行精微教学，尤其是"族"和"祝"这两个字。

　　"泼"，会意字，把水向外发出去。温柔一点，就是观音菩萨的杨柳枝和净水瓶；野蛮一点，就是把整脸盆的水挥洒出去。泼水节是傣族人的传统，如果周恩来总理不来，他们会怎么做？周恩来总理来了，他们又做了什么？

　　"族"，是课文中思想内蕴最丰富的一个字。族，会意字，旗字头，表示民族统一的象征和思想，矢，表示用武器保卫自己的部落及其文化。那么课文中是什么民族呢？答曰：统一的中华民族，包括一些有特色的民族，比如汉族人周恩来，西双版纳的傣族主人们，都是中华民族的一员。作为统一的中华民族，我们统一的旗帜是国旗，我们守卫自己的武器已经由弓箭换成了导弹，比如东风-41、巨浪-3。而生活在统一的中华民族之下，我们联合起来的各族，都保留了自己的风俗传统，比如课文中傣族的服饰、节日、音乐。而汉族人周恩来身穿傣族服饰，敲起傣族的象脚鼓，这就是表示了国家领导人对少数民族风俗传统的尊重。

　　"祝福"，示字旁，也就是祭祀旁，表示与祭祀有关。祭祀中的主导人，就是"兄"或者"祝"，一个重大场合率先发言的人。课文中，是谁祝？祝谁？祝什么？福字也就随此而被教学，文本细读也就因此而展开。

　　也就是说，这几个字的教学，有益于对课文有更好的理解。反过来，借着课文内容，也能够对这几个字的含义，有更好的理解。

浪漫·丰富·惊奇

——低段语文教学秘诀，请把教材故事化

讲了几堂高段语文课，审辨思维味道浓郁，于是有低段语文老师询问：那么低段语文能不能也以审辨思维为重？如果不能，那么重点又在哪里？

低段语文当然也应该渗透审辨思维，但确实不应该以审辨为重。低段的主要学习形式是模仿，而最佳学习内容则是故事，或者是故事化的知识。有时候，大多数时候，为了更贴近儿童，达到最佳的效果，甚至需要把非故事的内容故事化。故事，应该统领童年。

如对一年级孩子来说，最适合他们成长的营养，一定是以儿歌童谣、故事、游戏等方式出现。所以，一开始就进行一个来月的拼音教学，这简是教育上的重大失误！可是大家又犯了多少年的罪？虽然我们"先识字，再拼音"呼吁了十多年，现在也确实已经有所改变，但多少孩子已经在入学之初被伤害？而且，从教材编写者到一线教师，真的已经明白了机械学习对儿童带来的伤害了吗？

即使先识字了，如果没有故事，字依然可能是干瘪瘪的，是没有生机活力的。没有故事，甚至诗歌、儿歌、汉字，都似乎缺点什么——对一年级的孩子而言。

缺故事，就是一个文本缺少何以呈现的背景。这对低幼儿童其实很重要，他们对故事的渴望，超乎你想象。

所以我曾为试用的一年级新教材编写了几个识字故事，称之为《汉字启蒙课》。我的本意不是教这几个汉字，也不是讲故事，而是想做字源教学的尝试。在一年级入学就教字源？就引入甲骨文和金文？这个难度显而易见，所以故事就成了必不可少的调剂。

第一篇故事就是"序"，或者应该叫《商契和仓颉》：

当世界年纪还小的时候叫作伊甸园。

人、动物、植物、山、峡谷都出现了。他们彼此打着招呼。

我叫夏娃，您呢？

我叫亚当，您呢？

我叫狮子，您呢？

我叫枣椰树，您呢？

我叫水母，您呢？

我叫鳟鱼，您呢？……

哦，不对，这是我们可爱邻居的故事，写在一本叫《当世界年纪还小的时候》的书里。

但这个故事来自另外一个故事，而那另外一个故事，写在一本叫《圣经》的书里。

故事里的第一个男孩叫亚当，第一个女孩叫夏娃，他们光着屁股生活在伊甸园。

那就重新开始吧：世界新生伊始，许多事物还没有名字，提到的时候尚需用手指指点点……

哦，不对，这是我们另一个可爱邻居的故事，它写在一本叫《百年孤独》的书里。

那就重新开始吧：盘古大神开天辟地很多很多年之后，女娲大神开始用泥巴造人。女娲用泥巴造人很多很多年之后，人们开始用手指指点点，为万物命名。

人们为万物命名很多很多年之后，仓颉（商契）开始想把万物的名字捉住，用刀刻在骨上，用笔写在简上。

以下是仓颉的故事，也就是商契的故事：他们的部落叫作"商"，人们纪念他伟大的创造，把他叫作"契"，契，就是锲，表示刻写的意思。

这是我们祖先的故事，也是我们自己的故事。

正式的第一课，我为"天地人"三个字而写。

一个男孩对另一男孩说："我爸爸昨天打了一只很大很大的野猪。"

他说的时候，伸开双臂，表示很大很大。

仓颉想：伸开双臂，就表示很大很大。

他契下"大"：一个伸开双臂的人，表示很大很大，是一个人的形状。

但一个正面伸开双臂的人，现在已经表示大，那怎么来表示一个人呢？

仓颉契下"人"：一个侧面躬身行礼的人。人应该谦虚些，应该彬彬有礼，仓颉想。于是汉字里的人，永远有着谦虚的模样。

仓颉听到妻子在院子里自言自语："老天保佑今天一定要下场雨啊，否则庄稼可要旱死了。"

仓颉抬头看看天空，想着天空的云朵里，是不是真住着神仙。天空，和住在天空的神仙，都在我们的上面。

仓颉契下"天"：下面是一个"大"字，它表示一个人；上面一横，表示在人的上面。在人上面的，就是"天"。"天"表示天空，和住在天空，决定着人类幸福的神仙。

想着想着，天空下起了雨。仓颉看到所有的东西都落向大地，包括雨，包括成熟的苹果……

还有山坡上滚下来的男孩，飞不动了的鸟儿和蝴蝶……

大地像一个池塘，它汇聚着一切往低处流动的东西。

但池塘中有山，有丘，有土坡矗立，人们就生活在这些土丘上。

仓颉契下"土"，表示高起的泥土。仓颉契下"也"，表示向低处流动的样子。仓颉再把"土"和"也"合成一个"地"，表示像池塘一样汇聚万物的低洼处，和高出水面让我们生活的地方。

地，和"低"的读音是一样的，在仓颉创造文字之前，它们只有相同的声音……

有天，有地，有人。仓颉想，这是世界上最最重要的三个名字。写下这三个名字，就仿佛盘古开天辟地，并在新开辟的天地间站立。

仓颉刻下"立"：上面是一个"大"，它表示一个人；下面一横或者一弯，表示大地。立，就是人站在大地上。

这是三个字的故事化，万物皆可故事化，也皆需要故事化——不仅儿童需要故事，我们也只有在故事化之后才能理解。不过区别在于，儿童暂时只要故事就行了，他不区别想象、虚构、历史。而我们需要合理化，哪怕是虚构，也需要是极有可能的虚构。

一个问题造就一堂好课

女娲明明是人面蛇身，她按自己的样子抟土造人，为什么我们却长着两条腿啊？

这是一个憨憨的男孩在昨天的课堂上提出来的。这个问题，让原本70分的课堂达到了85分。

昨日在龙美小学继续上部编四上神话单元，"大情景·大任务"的单元设计，即《盘古开天地》教学之后，一节课快速补上《女娲抟土造人》《夸父逐日》，然后就是课文《精卫填海》。

为什么要用很短的时间补上《女娲抟土造人》和《夸父逐日》？原因有二：一是我想让学生初步建构一个完整的中国神话体系——也就是建立起中国诸神谱；二是我为本单元设计的"大任务"是依据"叙事的完整"和"想象的纪律"改编一个神话，那么就有必要提供更多的神话素材供大家选择。课文中的《盘古开天地》和《女娲补天》已经是现代白话文创作，虽可以改编，但创造空间相对变小，而文言教材的《精卫填海》留下的改写空间足够大，补充进去的《女娲抟土造人》与《夸父逐日》都是文言的，几乎没有起因，经过很不完整，几乎只有一个简单的结果，改编的空间足够大。

但怎么改编呢？仅仅补充情节，使叙事完整，是很低级的作文。仅仅遵守想象的纪律，只让文章看起来不那么傻帽儿，却不会生动起来。

神话的本质，就是解答先民们的"天问"，是用神乎其神、天马行空的想象回答那些最为根本的问题。那么无论是课堂教学，还是神话创作，如果没有了"问题"，不能对问题提出精彩的"答复"，神话教学就失去了它天然的魅力。

所以几堂课里，我们都提出了精彩的提问：盘古的斧头从哪里来？"大鸡蛋"破了后，外面怎么会有光？夸父为什么要逐日？精卫填海是为了报复吗？

而在《女娲抟土造人》这里，许多精彩问题中最为精彩的一个就是本文开头的那个。因为多媒体展示的课文插图里，出现的是长着巨大蛇尾的女娲。

一石激起千层浪，回答丰富多彩，但未必都是精彩与贴切的。教师的作用，就是引导想象力继续飞翔，并朝向让故事更精彩的方向前行。

一种最为糟糕的解答是："女娲其实也是长着双腿的，这个插图只是插图的一种，未必一定这样。"这无疑只是逃避了问题，而没有正面面对问题。没有孩子提出这样的解决方案。

孩子的回答有趣极了：捏双腿比捏蛇身子节省很多材料；人上身、蛇下身是神灵，女娲造不出来；蛇匍匐在地，胸部容易受伤；蛇不能登山……

教师的引导，就是抛出了"消极原因"和"积极原因"这两个概念，消极原因是没办法，积极原因是为了创造得更好。

于是，最后我们的临时方案是：女娲看到敏捷的猿猴用双足攀登，就想，我要为人类创造比猴子更好的四肢，他们的双手能够像我一样制造器具，他们仅仅用双足就能够在大地上行走，而且站起来，能够比匍匐在地要看得更远……

一个好问题，引发了激烈的讨论，引发了积极的思考，导致了对几千年流传的神话故事的创造性改编——而且应该是改编得更好。

怎么教中文？享受思与诗而已

一位在北京知名国际学校教中文的老师突然留言："干老师，我在国际学校教学十多年了，突然不知道怎么教中文了。"

我不假思索地回复："怎么教中文？享受诗与思而已！"

其实我可以猜测语言之后的复杂背景。正如一般公立学校语文老师们被教参、试卷所驱赶，其实也是茫然究竟什么才是语文，无非就是身不由己地往前走着而已。而在国际学校，语言还是这个语言，文字还是这些文字，却要求用一种所谓更先进、更科学的套路重新安排。我认真研究过那整个系统，得出两个字：扯淡。其实没有国内、国际之分，只有好语文与坏语文之别。诗与思并生的，即是好的语文课；诗与思并亡的，就是差的语文课；诗与思残缺不全的，就算是差强人意的语文课了。这个时代教语文，我们哪里还敢有什么奢望。

小学低段到中段，兴于诗、立于思。小学高段及以上，经由思，抵达诗。

所谓兴于诗、立于思，就是优先强调语文文字本身的诗意、故事性、游戏性，强调语言本身、声音本身的解释力，强调叙事本身的吸引力与张力，在此基础上，适当进行辨析，进行思辨。我上《活了一百万次的猫》就是其中一个案例。

所谓经由思，抵达诗，就是在同情理解的绝对前提下，先保持审辨思维的方式，慢慢拉开文本的帷幕，窥见文本自身的深度，并在理解的共鸣中，达到双重主体、双重缘由的诗意。我的绝大多数课例都属于此类，从 2004 年的《斑羚飞渡》开始，到最近的案例《春江花月夜》，一直保持着高度的自觉，差别无非在着力点因文本、文体而各个不同而已。

先进的课程套路总是有的，但重要性没有想象的那么大。把语文科学化、程序化，或者说新颖的标准化、测试化，也总是有点意义的，甚至可能会超过当前的宣讲式、对话式，以及普遍的考试练习。但语文终归是语文，就像体育终归是体育，艺术终归是艺术，数学终归是数学，不懂课程论和教学论的体育家、艺术家、数学家那里，有着远比课程专家要多得多的学科真理，只是需要用教育学的方式重新诠释、领会、应用。语文也一样，虽然语文似乎包罗万象，其实根子里还是"理解"二字，拆开来，就是理解与表现，再拆开来，就是聆听、对话、演讲、论辩、阅读、写作，如此而已。

最终，还是得首先看教师自己有没有，自己没有，终归枉然。

如果一种文化已经让你习惯了如此这般，比如服从领导，遵守严苛的规则，那么你的遵守是不是应该被批判？应该做反叛？

电影《黑客帝国》对此做了深刻的检讨，那些从小在虚拟母体中成长起来的人类，他们是否应该像主角们那样背叛母体，去荒野中追寻自由？

电影的回答是复杂的：它让生活在黑暗中的人类继续生活在黑暗中，允许启蒙者想方设法去唤醒更多的人，允许觉醒者选择跟随启蒙者离开母体，或者选择继续留在母体把梦幻当成生活……

这其实就是今天文明社会的基本态度：自由的追求只对个体自己而言，可以作为生命的最高价值，却不可以用它来苛求别人，当成别人的最高价值；尊重每一个个体的自由选择，而不管他是基于什么原因选择了安全或者自由；对剥夺别人自由、剥夺别人选择权的，应该加以批判、抵制、反抗；对捍卫、赠予别人自由的，应该给予尊重、景仰。

那么这些原则从哪里来的呢？

仔细琢磨一下，其实就是孔子"己所不欲，勿施于人"这八个字的落实。似乎这个问题，依然对我保持着开放，而并没有完全的、确凿的答案。

破译统编教材单元密码：主题＋知识；情景＋任务

前几天旁听清华附小老师备课，第一次从单元的角度细看了新教材。我提醒窦桂梅校长：这不是我们十五年前认真讨论过的"主题单元"和"知识体系单元"之争的新解决方案吗？确实，我们还能清楚地记起，当时我们都意识到单元教学的两难处境，并做出各自的回应，而现在统编教材再度意识到这一处境，做出了新的"答复"。

2004年，我在题为《从"知识体系"到"主题单元"》的文章中，曾辨析了当时新课程改革为何要把原先的以知识体系组建单元，改成了以人文主题组建单元。

我在文章最后提到（以下节选内部有大量删减）：

以"主题单元"取代"知识体系单元"看来已经是大势所趋，但是要编选一本无可指摘的教材显然只能是一种理想的追求，主题单元同样也存在着一些致命的不足。其一，跳出两种体系编选教材的争论，我们发现两者之间也有相同的缺点——它们都是"文选式"教材。我们知道，要在一个人的复杂的心灵上形成一个稳定的结构需要具备一些要素，如持久的刺激，对言语材料有足够时间的关注，与之反复对话等，而实现这种持久刺激的教材其实并不是文选，而是长篇小说。正如知识体系的追求者们所认识到的，文章的结构（叙事方式）与思维的结构之间存在着密切的关系，而长篇小说是"大框架"，更有助于一个人更新良好的言语－精神结构。长篇小说从一开始，就已经暗含了发展和结局的各种可能性，故事的展开就是这个可能性不断实现（与排除）的过程。因此，读一部长篇小说，就是对一个大结构的反复认识与接纳的过程，而不只是对一个小框架的一次性接触，或者近乎机械地对同一结构的重复接触（《读者》杂志就是一个同一范式文本的反复重现的教材典型，所以它既不能有助于读者更新阅读的能力，也不能在摆脱了此种阅读方式的读者中留下深刻的印象）。说得简单一些，就是一本教材在学生"言语－精神"上的影响，许多时候远不及一本打动学生的长篇小说，如果不是教师带领学生在教学中反复操练，一本低劣的教材对学生的影响就几乎是微不足道的。自然，选长篇小说做教材也有其自身的弊端，而且可能在实践中会发现弊端更大。（干国祥 2019 年注：近年来越来越兴盛的整本书阅读，就是我们语文人对这个难题所做出的解答方案。忽然发现，本人似乎很荣幸地成为群文阅读、整书阅读等运动的一个"先烈"。因为无论是思想还是实践上，它们都是我 2005 年前后就开始的自觉的语文行为，而且还创造了一些比较经典的、至今值得"批判"的案例。）

其二，"选择"同时也就意味着另一"未选择"。如果说旧体系是牺牲了部分精神来换取知识的话，那么新体系也就意味着牺牲了部分知识来换取精神。在知识点的落实上——如果我们承认语法与文体确实存在的话——主题单元确实存在着左右为难的尴尬。两全只是一个不可能的神话，至多能够实现的，是在两者之间找到一个最合适的黄金分割点，即在多大程度进行"精神关注"与多大程度进行"知识关注"之间寻找一个合适的平衡。

其三，无论是何种体系，汉语教育一直没有真正地照顾到学生自身的成长规律。认知规律并不等同于知识体系，同样，单元话题体系也并不等同于人的认知规律。当一个知识点有一篇最好的能够体现此知识点的文章时，我们曾经做过为知识而牺牲语文本身的事情；而现在，当一个主题中有一篇最好的文章，但这篇文章却仅仅因为学生年龄而不宜选入此册时，编选者们又会做何种选择？……此种弊端如果打一比方，可以戏称之为"文体营养不调症"。对中低年级学生而言，他们的阅读兴趣与相应的能力，都主要集中在"故事"中，散文（含议论文）对他们而言，是一种陌生的文体。

其四，作为民族语言的汉语，它其实也就是民族文化本身。作为以传播汉语－文化为己任的语文教育，由于某些原因而导致的被延宕的"汉语－民族精神"与"世界文化"的冲突，势必也将在教材的选择上暴露出来，使得语文教学将长期面对本民族思想的传授与西方思想的传播这两者之间的冲突。

综上所述，从"知识体系"到"主题单元"，与其说是一次进步，不如说是一次对语文的重新理解与选择。它避开了许多沉积多年的语文教育的老问题，但势必将不断地发现与面临自身所致的新问题。这既是教育复杂性所带来的"宿命"，同时也是在其中发现并创造意义的一次挑战。

我们来具体看看新版部编新教材是如何呈现、规定、调和人文主题与语文知识这二者的。

（随机选取）五年级上册第一单元，单元主题是花鸟鱼虫。单元的人文导语是："一花一鸟总关情。"单元的知识和能力导语是："初步了解课文借助具体事物抒发感情的方法。写出自己对一种事物的感受。"

本单元由《白鹭》（郭沫若）、《落花生》（许地山）、《桂花雨》（绮君）、《珍珠鸟》（冯骥才）四篇课文组成，口语交际和阅读课文无关，习作练习"我的心爱之物"则与四篇课文息息相关，可以理解为是一个单元的读写结合。

这个单元的主题很明确，但可能任何一个文学文本都不会轻易就范。这个单元人文主题设定的优点是只说"一花一鸟总关情"，却没有规定是什么情，也没有规定人类对花鸟草虫的迷恋是否合法，这就给课程的主题探索留下了足够的空间。从最深刻的内涵讲，这单元讲的是人与物的关系，包括课文中的人与动植物，写作练习中的人与某物（器物、宠物、礼物）。而人与物的关系，用哲学的话讲，就是"去远"（海德格尔语）；用文艺的话讲，就是"驯养"（参看《小王子》）。教师应尽可能知道这些，但需要在课程中避免随意引入，避免对文本做过度诠释。

关于语文知识和语文能力，单元导语也做了明确的规定："初步了解课文借助具体事物抒发感情的方法。写出自己对一种事物的感受。"用我一贯的比喻来说，就是主题要求我们教学"我与珍珠鸟"，知识要求我们教学"我写《珍珠鸟》"，前者关心的是"人与物"，后者关心的是"人如何写物""人借写物想表达什么"。

那么是否有可以兼容这二者的视角？比如"我写我与某物之缘"，它依次分两层：我把某物看成什么？我如何表达我对某物的"看"？于是，我们面对的文本就包含着两层：在生活中是关系导致了写作；在创作中则是写作在先，文本在后，写作把文本中我和某物的关系做了有目的的修饰，甚至是第一次产生了真正的"凝视"。

也就是说，千万别把这些文字当成对客观某物的描写，一定要把这些文字理解为主观的表达，一定要在看到某物的同时，看清作者。

这样，教学就不会迷失到另外的地方去，也不会造成人文主题和语文知识两张皮。

在备课中，我们有意识地为单元教学设计"大情景"和"大任务"。大情景一般针对的是单元人文主题，有时候也仅仅作为导入之用。大任务一般针对的是单元要求训练的知识和能力，有时候也会把单元中的读写结合起来。

像这个单元，我们也许会设计成：

凝视——天地万物之心

那些被规定了色彩的花草树木——从杨柳、桃花到珍珠鸟

谁被谁驯养——用笔写一段缘起缘灭

……

最后，就浏览过的若干个单元，我发表一点个人的看法：进步很大，进步的空间更大。一些优秀的群文阅读教师已经开始注意到我当年倡导的异质文本建构，而且我坚持认为，叫审辩思维也罢，叫批判性思维也罢，因为文本的同质化，还是未能通过教材彰显出来。

我曾在前文提到的那篇"古老的文章"中写道：

在同一主题下进行"异质组合"，首先必须在教材上实现"多声道"，然后才能期望在教学中出现"多声道"，出现"噪

音"与"干扰",从而形成期待已久的真正的深入与持久的"阅读对话"（与文本对话，文本间的对话）和"课堂对话"（师生对话，生生对话）。教材的"单声道"与"多声道"，"同质组合"与"异质组合"的问题……只有当凡·高、鲁迅和周润发一道走近学生，而且编选者不简单地扬此贬彼的时候，才能算是实现了"多声道"和"异质组合"，真正的讨论才可能在教材上就得以体现，而不必教师挖空心思在后面加以弥补。然而支持"异质组合"和"多声道"，并不意味着把所有的声音推到学生的面前，在这里，将某些对学生确有危害的观点对学生暂时"搁置"是必须的，因为童年的定义和建构主义本身的理论决定了这种教育中"搁置"的重要性。

再到清华附小聊《论语》

2019年10月30日，我应邀参加"清华附小走进孔子＋主题课程群教学展示活动"，做题为"孔子的真理"的报告，讨论孔子对于今天的国人是否还有意义，以及"天不生仲尼，万古如长夜"究竟该如何理解。

报告结束，正好整个活动也圆满结束，距计划离开北京还有半天一夜时间。窦桂梅校长说，是不是下午再私底下给孩子们上节《论语》？

我欣然答应，来不及备课，来不及做课件，好在五年级学生已经或深或浅地通读了《孔门十弟子》，虽然没有六年级孩子那样对整本《论语》研读，但已经足以一起聊聊《论语》，聊聊孔子了——其实是通过孔门弟子，去管窥孔子的教育思想。

课看似随意，其实呢，已经有一个相当严谨的设想：先用一个假设，假如五十五岁时候的孔子被一个新建的中等诸侯国邀请，担任当时"大司徒"（以鲁国职能，是总管官员任免、邦国事务）之类的要职，或者我们创造一个类似"大司政"这样的职位，去总理朝政，因权力制衡和成本等原因，孔子每年可以邀请两名弟子一道过去任重要职务，他可能会带谁去？为什么？

然后，后面就会涉及讨论治理国家的优先事务和先后顺序，从中逐渐窥见孔子从不教出书呆子，学生们人才济济，各有擅长。

这里可能需要辨析的要点在宰予与冉求二人，因为《论语》中孔子对他们批评得很凶。

第一次辨析的收结，本来设计在孔子论"成人"那一则：

> 14.12 子路问成人。子曰："若臧武仲之知，公绰之不欲，卞庄子之勇，冉求之艺，文之以礼乐，亦可以为成人矣。"曰："今之成人者何必然？见利思义，见危授命，久要不忘平生之言，亦可以为成人矣。"

最后环节，设计用"器"来比拟孔门子弟，比如子路似箭，子贡似瑚琏……但结果将发现颜回什么也不像。如果说孔子是大全，仿佛什么都会，那么颜回就仿佛许多实务都并不擅长。可是为什么孔子最喜欢、最推崇他，甚至直接表明颜回比自己更高明？

然后就提出君子不器的两种解释：博雅全才，和自由并保持可能性。前者也就是以孔子为标本，后者可用颜回作为样例。

这是我们的初步设计，但一到课堂，反正没有幻灯片束缚，我就一半随学生，一半随感觉，自由发挥了。

有时候"滑"到的新领域，比预设的还精彩，有时候难免就不小心陷在某个话题里浪费了一些时间。

有个别学生选了宰予与冉雍，因为宰予善于辩论，可以说服人，冉雍品德高尚，孔子甚至说"可使南面"。不过遭到了较多同学反对，反对意见嘛，冉雍不是当务之急，而宰予则因为孔子很反感他。于是也就趁此机会辨析一下，宰予究竟是何许人，孔子真的没有表扬过宰予？答案不重要，重要的是这个打开结论重新讨论的过程。我们澄清了一般的误解，其实孔子挺欣赏宰予，就是辩论不过宰予，有时候难免急怒攻心，骂上几句。而宰予与孔子关于守丧三年还是一年的辩论，乃是历史的难题，值得我们继续探究下去。我提醒，这个问题的答案，往往随时代的处境而变化，保守派与革新派各有自己的理由。

子路居然是绝大多数小组的首选，然后就是最通达的子贡，但学生选择他是因为他会赚钱。

一个新兴国家，如果周围有强敌，那么军事无疑是首选。但如果周围多是盟友，再结合春秋时不灭他国的传统，子路是不是首选就需要辨析。也就是说，还得限定具体的条件，不同条件下，子路可能是首选，也可能只是重要备胎、深度板凳。

然后就是经济问题，子贡确实是高明的商人，但这是不是当时一个国家的财政部长或者户部尚书最需要考虑的？学生想到了差异，重要的不是个人发财，而是要让老百姓富起来。首要的不是商业，而是农业。但这个活谁最擅长呢？学生找不到。

艰难的辨析之后，答案才渐渐浮出水面，此处我明显"生拉硬拽"了。原来，傅佩荣的《孔门十弟子》替宰予翻了案，却依然保持着对冉求的批判，而且把孔子对冉求的赞美明显忽略了，所以导致大多数学生居然把冉求当成最不能带的弃用人员。然而，依据我对《论语》和历史的了解，冉求毫无疑问应该是绝对的第一人选！假设勉强打个比方，他最像邓小平先生。

讨论到后来，再放宽人数限制，在子贡（邦交）、冉求（财政）、子路（军事）的基础上，你还选谁？为什么？于是，教育部长的人选上又有了矛盾，有学生选子夏，可惜他当时还太年轻，其实曾参也是，当时根本只是青年。但如果不考虑年龄，他们是否就是最佳人选？还有一个姓曾的，曾参的老爸，那个说"暮春者，春服既成，冠者五六人，童子六七人，浴乎沂，风乎舞雩，咏而归"的曾皙，就曾深得孔子的认可。一个浪漫逍遥的老爹，但可能学业未必靠谱，一个鲁钝刚毅的儿子，可能曲解了孔子，但绝对认真扎实，你选谁做教育部长？这是个很重要的问题，至今有现实意义。这个问题，我们只打开，不求即可解决。

恰恰是原来认为最大的难点，颜回的君子不器，志不在成为某种人才，自得其乐——学问之乐，道德之乐，形而上思考之乐，学生几乎很顺利地自己完成了理解与表达。也就是说，如果《孔门十弟子》中有论述，学生就能够顺利运用。但如果我的话题超越了书本，或者书本忽略了某些要点，学生的思考就会受阻。

充分地占有资料，尽可能掌握第一手资料，这就成了我们的经验。而我还必须坦白与检讨，我确实细读《论语》许多遍，但学生手里的《孔门十弟子》偏偏没有读过，这样就对学生的学习，以及课堂的效果，都有一定的负影响。

当然，最最重要的，是研究任务为导向的课堂，毕竟没法在这样的课堂上呈现，而这才是我一直在朝向的。我是一个决不放弃教师主导作用的学生独立深度学习、师生深度思辨对话的倡导者、践行者，今天即兴一课，学生学习长度的不足，便成了最大的遗憾。但孩子们精彩的思辨与发言，对书本的认真研读，都给我留下深刻印象；假如他们能够占有更多资料，能够辨析一手资料和二手资料，能够在交流前进行有导向的深度独立学习，那么课堂能够抵达的深度，发言的激烈程度，都将绝对让人震惊。

清华附小的孩子们，太优秀了，太有潜力了。

如此安静的课堂何以可能

雪野的课堂绝对是一个例外，教学内容是意料之中的例外，教学风格是意料之外的例外。

他教授的内容是童诗，有童诗的阅读，更主要是童诗的创作。

他教授的风格是安静，安静得不像是"公开课"，倒像是拉家常。

第一次听他课的老师，总是震撼于一个事实：如此温柔地、轻声细语地上课，学生怎么不闹翻天？或者说，为什么孩子们往日的调皮突然不见了，变得安静了，有礼貌了？难道，文明的举止可以让学生立刻变得文明？温柔的言行可以让孩子马上习得温柔？

别天真！

雪野课堂的这一点小奥秘，并不难揭穿：因为他总是防患于未然，在事物还微小的时候着力，在他觉得不好的言行远没有成气候时，就把杂草拔除。

他给表现优秀的孩子，每人一张写有他自己诗歌的明信片，但每次强调要双手接礼物，要说谢谢，不厌其烦，这就是在行动中，无数次潜移默化地规训。

他让现场写出好诗的孩子，自己上黑板写上姓名，然后老师帮他把诗歌誊写在黑板上，每一笔，都很从容、很安静，所有的孩子静静地看，不觉得这是浪费时间，倒觉得这是郑重的庆典、神秘的仪式。

他让孩子用自己的理解和声音读出同学的诗歌，如果读错了，有嘲笑的声音响起，他会第一时间拦截，并且认真地规训。

也就是，这仿佛是一堂礼仪课，每一个有违礼仪的言行，都会第一时间曝光，被善意地修正，并且重新来过。而符合礼仪的行为，自然会被一遍遍正反馈。

以上，可谓雪野老师课堂的"文"，但我个人更欣赏他课堂上的"质"。不妨姑且称为：发现孩子的一百种语言。

童诗应该是什么模样？孩子们应该向谁学习童诗？虽然雪野老师已经是当前国内一流的童诗诗人，但他依然强调，不要过多读他的诗，或者说，任何一个诗人，都不能当成童诗的唯一模样。

我们一致认为：金波老师的音乐性，林焕彰老师的油画质感，谢尔的奇思妙想和天真烂漫，金子美玲的安静甚至忧伤，无一不是童诗大家的馈赠，是童诗的千面英雄。但如何把它们当成礼物而不是束缚，当成启发而不是左右，这需要童诗教学者高度的自觉。

雪野老师并不是一般人想象的是"好好先生"。其实他很苛刻很苛刻，对纪律很苛刻，对语言更苛刻。任何流俗的人云亦云，都会被毫不留情地善意嘲讽，打回原地。

他必须带着孩子离开日常生活语言，进入一种还未知的童诗语言中去。

但神奇就在这样的对话中，慢慢地，然而一次次地实现了。

一张照片，一株木贼上积攒着一圈露珠，雪野老师引导着孩子们用语言去捕捉这画面。

其中一个女孩现场写出：

小水珠

玩旋转木马

慢一点

慢一点

风轻轻推着

不能让小水珠

甩出去

  其他的孩子也各有精彩，仿佛是一群娴熟的诗人在参加一个现场赋诗大会。

  这就是雪野童诗教学的"质"，这里面确实已经抵近了童诗或者说童诗教学的本质，虽然"儿童的一百种语言""童诗的一百种语言"还需要无尽地继续探索。

  现场，我也照着那《木贼露珠图》写了一首听课诗：

高高的跳水台上

小水珠们比赛着

谁

最后一个

落下来

老师说

谁第一个发言

我奖励一张明信片

我们暗暗约好了

谁最后一个

坚持着不发言

就奖励他一个

眼睛的飞吻

下课了

我们找啊找

看谁获了奖

原来是
来听课的校长

　　哦，我说的校长不是我，而是听课时坐在我身边，郑州经开区龙美小学的孩子们的贺佩佩校长。

全网误读《少年中国说》

最新版语文教材第九册第12课《少年中国说（节选）》，全文如下：

　　故今日之责任，不在他人，而全在我少年。少年智则国智，少年富则国富，少年强则国强；少年独立则国独立，少年自由则国自由，少年进步则国进步；少年胜于欧洲则国胜于欧洲，少年雄于地球则国雄于地球。

　　红日初升，其道大光；河出伏流，一泻汪洋；潜龙腾渊，鳞爪飞扬；乳虎啸谷，百兽震惶；鹰隼试翼，风尘吸张；奇花初胎，矞矞皇皇；干将发硎，有作其芒。天戴其苍，地履其黄；纵有千古，横有八荒；前途似海，来日方长。

　　美哉，我少年中国，与天不老！壮哉，我中国少年，与国无疆！

　　假如要去小学五年级上《少年中国说（节选）》，你会给第二三节配上怎样的插图？

　　最好的题材似乎应该来自刚刚耀眼过的七十周年国庆阅兵式，或者《厉害了我的国》：穿山越岭的复兴号高铁，跨海大桥，拦山为海的水库大坝，航空母舰舰队，大飞机，洲际导弹……再没有比这些更适合诠释"少年中国"的阳刚雄健之气的了。

也许你还会想到各行各业的细节，毕竟，你知道少年关键在"心龄"，而不在"年龄"，那么找几个残疾、年迈，但依然洋溢着活力的老小孩，一定会震撼全场。

也许全网都会赞同这么配图，赞同这样来理解梁启超的《少年中国说》——至少除了两个人，我和梁启超。我的反对意见你现在听到了，要听到梁启超的反对意见，必须进入原文，找到确凿的证据。

昨天去郑州加斯顿小学和学生聊了这一课，我向学生提了三个问题。

针对第一节，尤其是第一句"故今日之责任，不在他人，而全在我少年"，我提问："作者的观点非常奇怪，大人都干啥去了，为什么让少年人承担这么大的责任？"

针对第二节，我提问："这段好漂亮的文章都写的啥啊？我不太懂……"你可别说你很懂，99%的可能，你其实也不懂。

针对最后一节"美哉，我少年中国"，我提问："不是经常说自己是5000年文明古国吗？怎么变成了少年中国？"

于是，我成功地把全班同学打晕了，可能也包括观课的老师们，甚至来一起玩课的几位专业人士。

首要的问题，是"少年中国"究竟是不是一个修辞？是不是仅仅用它来形容中国生机勃勃，永远年少？

无论你的答案是什么，梁启超的答案是非常明确的。他在原文中是这样论证的：中国古代只有朝代，没有国家；只有朝代的少年、壮年、老大，既然还没有国家，当然也就谈不上老大中国；中国的国家意识才刚刚萌芽，国家随此意识而开始萌芽，所以这是少年中国……

梁启超以此来批驳日本和欧美称我们为"老大帝国"，同时，他称欧洲各国为壮年国家。

　　且我中国畴昔，岂尝有国家哉？不过有朝廷耳！
　　朝也者，一家之私产也；国也者，人民之公产也。
　　朝有朝之老少，国有国之老少。朝与国既异物，则不能以朝之老少而指为国之老少明矣。

　　然则，吾中国者，前此尚未出现于世界，而今乃始萌芽云尔。

　　这个问题很重要，但不难。难的是第一个问题："大人都干啥去了，作者为什么让少年人承担这么大的责任？"

　　而且，童稚少年，怎么可能富有？他又怎么可能强于欧洲？

　　看看网络上的翻译，莫不如此："少年聪明我国家就聪明，少年富裕我国家就富裕，少年强大我国家就强大，少年独立我国家就独立，少年自由我国家就自由……"

　　错了！全错了！

　　少年比之于成年人的优点，就是他还有可能，还有希望。鸦片战争前后，中国的成年人整体而言可谓颓废无能，但如果从孩子开始，依赖良好的教育，那么少年人在未来成年时，很有可能胜过欧洲的同龄人——假如我们的少年未来比欧洲同龄人有智慧，中国自然比欧洲更有智慧。富有，强大，独立，自由，进步……莫不如是。

　　少年人今天是一个学习的状态，是一个成长的形态，他们不是已经一定比欧洲少年更聪明、更有力，而是他们如果自强不息，则能够通过自己达到智慧、富有、强大，进而让整个中国比欧美更智慧、富有、强大。

　　少年，有的是希望，但也只还是希望，并非事实。

　　于是，第二节用七个比喻来歌赞"少年中国"，也不能把它们当成强大中国的事实，而是充满希望、充满可能的期许。

　　怎么可以把"河出伏流，一泻汪洋"翻译为"黄河从地下冒出来，汹涌奔泻浩浩荡荡"？哪条河刚刚有个雏形，就浩浩荡荡、一泻汪洋的？

　　怎么可以把"乳虎啸谷，百兽震惶"翻译成"小老虎在山谷吼叫，所有的野兽都害怕惊慌"？

　　怎么可以把"奇花初胎，矞矞皇皇"翻译成"奇花刚开始孕起蓓蕾，灿烂明丽茂盛茁壮"？一个花骨朵，怎么可能就乔乔皇皇？

"其道大光"的，不是刚刚升起的太阳，而是正午的太阳。形容少年中国的，不是太阳，而是刚刚升起的太阳。

"鳞爪飞扬"的，不是潜龙勿用之龙，而是飞龙在天之龙。形容中国的，不是龙翔九天，而是或跃于渊……

那么，什么是梁启超心目中的"少年中国"呢？它是2019年阅兵仪式上的中国吗？它是高铁遍地、高楼遍野的今日中国吗？今日中国，也许是梁启超心目中的壮年中国，也许是许多人心目中的青年中国，但肯定不是梁启超心目中的少年中国。

梁启超心目中的少年中国，它不强大，不富有，不光鲜。市民们和士兵们依然还拖着长辫，梁启超未必认为剪掉它就是获得了解放。朝廷上依然有帝王，梁启超也未必认为国家萌芽首先必须除掉帝王——英国和日本应该是他心目中的国之榜样，他们都保留了象征意义上的国王。

梁启超心目中的少年中国，依然是一个积弱积贫的中国，一个百废待举的中国，一个别人渐渐绝望，转而诅咒埋怨的中国。

但梁启超说，这就是我心目中的少年中国；这就是新的中国刚刚开始的时刻，这是它的萌芽，它的少年。

这是一种比国家强大了再热爱国家、赞美国家更为深沉的爱国精神，对这种带着痛楚的爱国情感，我们今天正渐渐地陌生。

假如你也误读了《少年中国说》，那可能是因为你习惯了用1949年以后的话语去理解文章，而不是以1900年的处境去理解中国。还有可能，你爱着的，是一个只看得到强盛的中国，而不是一个四面楚歌、一片废墟的中国。

虚构历史中的伟大真实

小时候，我们听过不少振奋人心的真实故事，当时，小小的心脏被重重地撼动，甚至决心从此不再说谎，要做一个和某某一样光耀历史的伟人。

然而长大后的某一天，当你在引用这个故事作佐证的时候，却被人提醒：有人已经考证，这个故事从未发生过，它是虚构的。

假的？！

是不是有圣殿轰然倒塌的感觉？这样的颠覆会让人很不爽。我们会很懊恼，怎么就被骗了，怎么就转述了一个谎言？怎么就是我在上当受骗，并且让别人看到了我被骗……

停，停止你的自怨自艾。

我要告诉你的是：这些都不是"简单的谎言"，假如历史创造了并一直传播着这个谎言，那也就意味着它可能是个"重要的谎言"，甚至是"比事实更好的谎言"，是本该发生却因故没有发生的平行历史；唯有通过这个谎言，我们才能更好地理解过去，甚至，经由它开创未来。

前几天参加高中物理教研，我讲到以观察为主的亚里士多德物理学和以实验为主的现代物理学之间的差异和冲突，而也许第一个物理实验就是伽利略在比萨斜塔上做的"两个铁球同时落地"。我想说的是，实验不同于观察，它需要设计，需要打破自然本身的平静……

一位老师提醒：这个故事并不真的存在。

对啊，我原本曾听说过这个故事可能是虚构的，但为什么还是下意识地选用了这个故事（而不是其他故事）作为例证？

我们的物理实验讨论，就插入了叙事学反思。我意识到，唯有这个故事，才把两种物理学的争执，把两种物理学的代表人物，如此生动形象地设计为一幕科学戏剧。也就是说，比萨斜塔上的物体自由落地实验，最简洁、最生动地表现了伽利略与亚里士多德的物理学巨人之争，而琐碎的历史史实远没有这个故事精辟、深刻。

可它是假的啊！虚假的数据，怎么可以成为科学的证据？虚假的故事，怎么可以进入科学史？必然会有许多人站出来反对，并做这样的批驳！

真是虚假的数据吗？假如让两个大小不一的铁球在比萨斜塔上自由落下来，会不会产生和故事里基本一致的实验结果？

真的是虚假的故事吗？故事里的亚里士多德，是否确实坚信"物体下落速度和重量成正比例"这个理论？而彻底推翻这个理论的是不是伽利略？伽利略有没有可能实现这个实验？我们发现，唯一可能虚假的就是伽利略是不是真的在比萨斜塔上这样玩过，其他的一切，既符合科学事实又符合历史事实。

这是一个"也许有假"但"本该为真"的故事。

怎么处理它？让故事存在，不刻意去把它说成是事实，而是去理解人们为什么创造并需要这个故事。这个故事的意义，完全不取决于是否发生，而是取决于它是否可能这样发生？人们为什么要创造并传播这个故事？而这，已经是铁定存在的历史真实。

如果有人告诉你，古希腊的阿基米德发现浮力定律是真的，但在浴缸洗澡时突然发现浮力定律的这个情节，却是人们编造的。你觉得"在浴缸洗澡时突然发现浮力定律"这个故事里，没有具备比历史本身更伟大的真实？

如果有人告诉你，是牛顿发现了万有引力，但不是因为坐在苹果树下，被苹果砸了头……你觉得这个故事里，没有具备比历史本身更伟大的真实？

历史的虚构里，有我们需要去暂时放下科学式的偏见，去同情理解的伟大真实。

古人传说，仓颉创造文字时，鬼神深夜哭泣，天上落下粟米。（《淮南子》："昔者仓颉作书，而天雨粟、鬼夜哭。"）

无论对文字记录持感恩还是反对的态度，所有人都知道，文字第一次被创造，这是一个民族的严重时刻。这样的严重时刻，用当时还处于蒙昧、懵懂中的周遭人们的感想，完全不足表达其重大意义，所以历史传说和书写者，毫不犹豫地添上了"鬼夜哭、天雨粟"的情节，而且丝毫没认为自己虚构了历史，撒了谎——他觉得非如此不足以表述历史。而在后人的科学研究中，我们会证明文字不是一次性创造出来的……于是，一种历史叙述，想把人类的过去拉入平常的普通日子；而另一种历史叙述，想把历史抬高为英雄的史诗。

我们都愿意去从前面一种历史去查询资料真伪，从后面一种历史去把握过去的意义。

在宋、辽、金、蒙古各国英雄逐鹿的时代，蒙古和宋朝，事实上不太可能发生《射雕英雄传》中的蒙汉友爱。但是金庸写了这个终将成为经典的虚构故事，不是因为它曾经发生过，而是因为它最好发生过！因为历史最终把宋人和蒙古人融为同一个故事里的家人、亲戚，我们需要有一个好的故事，借着它，我们能够重新打量那段悲伤的历史。

抗日影视剧里为什么会频频出现英武神勇的尴尬神剧？因为这个民族的心结还没有解开，虽然我们才是二战的胜利者，但我们却仿佛是一个失败的弱者——我们总希望是完全凭自己的力量，打败了那个宿敌。所以我们需要很多《亮剑》《雪豹》来一遍遍重塑历史，否则，除非我们在未来的东海或太平洋战场上，彻底地为自己找回了场子，我们的自卑才能够彻底消除。

一些历史学家否定中国历史从黄帝开始，从炎黄结盟开始。他们认定：唐虞夏商周秦的统治者，不可能都是黄帝的后裔。确实不太可能，但人们把不同的部落，甚至不同朝代的掌权者归于同一个祖先，这却是一个最真实不过的历史。在这个"认祖"的历史中，表明了一种结盟为一家，联合为同一个更大民族的心愿。我们不能阻止已经发生过的历史，但我们可以给过去的历史以自己的解释，以让我们从此能够安然地接受过去。

你可以批评这样的非科学历史观，但你仍然得理解它。唯有理解了它，才真正理解了历史和人性。

尧舜禹三代，究竟是相互禅让，还是彼此争权？也许历史的事实是后者，但当历史书写者把它书写成前者，而且成为铁一样的"史实"，成为后世当权者的样本，那么后来的历史将因此而减少几分血腥，增加几分祥和。

历史，不只是记录一个真实的过去，它也是在通过诠释，为人类该往何处去寻找依据。

没有一种历史的叙述是清白无辜的，每一种书写都带有它的偏见，关键在于：叙述者能否意识到自己的偏见，承认自己的偏见，并把偏见向阅读者开放。

关键还在于：历史阅读者能不能以成熟的眼光，在阅读故事的同时读到叙事，在读到历史人物心理的同时，读到历史书写者的心理，知道二者对于历史有同样重要的意义。

每一个谎言都是真实的谎言，大多数历史都是真诚的改编，而一些虚构的历史里有着坚如磐石的真实，譬如早期中国神话，《西游记》，甚至每年层出而不穷的抗日神剧、爱国大片……

细菌？不要太有趣好不好
——听一堂八年级生物课

听生物课，仿佛身上的每一个细胞都开始发光。

听"微生物"，感觉自己就像是一只细菌，活得有滋有味，顽强不屈。

评课时我说，关键在两点：一是不能把科学概念、科学分类、科学知识当成现成固定之物，塞给学生，一切重要知识，都需要重新发现，重新发明；二是既要从生命（生物原理）的角度把握生物课程，又要从细菌的角度来设计课堂——就像是细菌在给大家上课！

概言之，要像科学家那样思考，为一切生物现象而惊奇，重新命名和创造所有重要的科学知识。

要像最本质的生命那样思考，要从生命的生存、扩展、繁衍、演变、彼此争夺、相互依存，来理解一切生物现象。

要像细菌为主角的电影那样展现"微生物"这一课，显示一个神奇、迷人、可怕、有趣的微生物世界。

首先就是命名权的问题，以及为什么这样命名。不可以从微生物分为细菌、真菌、病毒这样来开始学习微生物，这不但虚假，而且无趣至极。

没有人会把刚刚发现的"微生物"命名为"细菌"，因为它看起来不可能是一种菌，也就是说，它绝对不像蘑菇，不属于蘑菇。这就像没有人会在刚看到鲸鱼时，就认识到它和狗更接近，而不属于鱼类。

人类刚发现的微生物主要呈现两个特征：它很小，所以称它"微"，称它"细";它是活的，属于生物。但绝对不会认识到它们属于一种广义的蘑菇。

至于"真菌"这个名词，它是和细菌一道诞生的：当生物学家们认识到细菌属于菌类，把它命名为细菌的时候，他们需要同时把平时肉眼看到的那些菌类，重新命名为真菌。

真菌从来就不是微生物，世界上现存最大的生物个体不是某只大象，不是某头鲸鱼，而是北美洲的一个蜜环菌。当时发现它，确定其大小约607公顷。这样的生物，怎么还能叫"微"？

病毒的发现还早着呢，当研究细菌的细胞核、DNA的时候，就可能"发现"病毒了。本质上，病毒就像叛国的细胞核，从此自个儿单独繁殖自己——这是一个极其有趣的生命事件，以后再说。

现在，人类只是发现了一种很小很小的生物，有人称它"小棍子"，有人认为它们就是更小的虫子。有记录的发现第一人是谁呢？

佛教书籍《毗尼日用》有篇偈，说的是：

佛观一钵水，八万四千虫，若不持此咒，如食众生肉。
咒曰："唵缚悉波罗摩尼莎诃。"

意思是说，释迦牟尼佛看到一钵水里，有八万四千个小虫子存在；如果你喝水前不念"唵缚悉波罗摩尼莎诃"，那就是吃了八万四千个生命的肉，每条虫子都是一条命啊！

虽然这个佛教故事只是传说，微生物的发现者未必是释迦牟尼本尊，但这条文献的确凿记录，意味着微生物的发现权，看来只能归于佛教一派了。

但是，佛教对微生物的认识却很成问题，最大的问题，就是一碗水喝下去，究竟是谁吃了谁的肉？

这时候，该是实验上场了！假如做不了现场实验，就用实验影像，甚至不妨思想实验——思想实验需要更高的严谨性。

实验结果大家其实已经在日常生活中知晓，这样一碗水喝下去，一定是一场规模宏大的战争！战争过程中，双方都是大投入，大消耗，甚至会出现大伤亡。战争的结果，如果人胜利，那就是消灭、抑制了微生物军团；如果是微生物胜利，那就是呕吐、腹泻、各种病，甚至死！

这个时候，就可以引进各种知识了，包括暂时命名，但还不知道如此命名理由的新名字"细菌"。

包括必要的伪知识，也是可以传授的——当人们像人类那样思考，而不像细菌那样思考时，就会进行伪分类，创造伪知识。比如"寄生细菌"和"腐生细菌"这种分类——假如一群细菌活在我身上，我活着，它们就是寄生细菌，我死了，它们就成了腐生细菌？

回到故事主线。既然一碗水下去，就是一场恶战，作为人类我们该怎么办？喝干净水！把水烧开，杀死其中大部分细菌！吃药，也就是找帮手、找打手！

我们找到的打手，就是"抗生素"！抗生素从哪里来？呵呵，这不就是真菌被发现的场景吗？或者说，微生物中的大部分，因此被归属为两类蘑菇：小蘑菇和真蘑菇，真蘑菇又分为小的真蘑菇（如酵母、青霉），和一直像蘑菇的蘑菇（平菇、双孢菇、灵芝）。

但是，有了抗生素，人类就打赢了战争吗？当人类想出怎么办的时候，有没有想过：作为顽强的敌人，细菌们又是怎么办的？

细菌是全部灭亡了吗？

活下来的原因是什么？

活下来的细菌和前面的细菌有什么不同？

活下来的大量细菌中，谁和它们的后代更能够存活下来？

于是，闪电战变成了拉锯战！

最后的胜利者，也许有人类。

最后的失败者，一定不会是细菌。

从生命（生物原理）的角度设计课程，不仅要呈现纷繁复杂的生物现象，而且要让学生窥见现象背后统一的、简练的生命逻辑。

"真实"二字，废掉了几代人的作文

听初三作文课，讲选材，老师强调：作文第一要点，选材第一要求，就是"真实"！

坏了！这堂课肯定会上坏。假如学生很天真地信了老师的话，那么作文也一定会写坏。

文章的好坏，从来就与真假无关。不会有文章因为真而好，也不会有文章因为假而"不是好文章"。除非这个"真"是真率，而不是真实。

假如文章要求写真实故事，结果安徒生同学虚构了一篇《海的女儿》。那么，文章固然没符合要求，却依然是一等一的好文章。

历史要求真实，结果司马迁同学完全以文学的手法，极其浪漫地刻画了一个叫李广的游击队长。是的，这并不是严谨的历史书写，但它依然是一等一的好文章。

好文章，就是用文字把思想、情感、意志、趣味，巧妙地传达给读者。有些是思想、情感本身好，文字没有成为阻碍；有些是思想、情感并未独到，但叙述本身却很是独到——所谓耳目一新是也！当然，最好的文章一定是二者兼而有之。

什么是你所谓的真实？是这件事情得亲身经历，还是指这件事情的叙述，没有对事情本身做一丝修改？为什么作文教学需要强调真实？

其实，除了训练第一人称的记叙文，亲身经历是绝无必要作为作文要求的。第一人称的作文，要求用有限的文字叙述故事，故事又只能表达某个被规定的主题，这也就必然需要突破"真实"二字的边界。真实生活里并没有天然的文章，书写一定是重构生活——只有重构了故事，才能符合主题的要求。

要求提供真实叙述的地方不少，比如法庭，比如实验报告……但不是作文。

一篇被规定弘扬某个人生主旋律的作文，却要求是亲身经历、真实感受，请问，这是在考作文能力，还是在考一个人有多少符合作文的好经历？不仅思想得健康，充满正能量，还要求有足够丰富的经历，能够和所有作文命题都相符合，这作文究竟是怎样的怪物？

好在中考作文考试并没有规定文体只能是记叙文——即使你选择写成记叙文的样式，批阅试卷的人也不会来追查你有没有亲身经历，有没有对经历进行某种改写，然后才打上分数。

那么作文该怎么写？该怎么教？

首先得弄明白，什么是作文！

所有文章，都有预设的读者，是为读者而写。情书是写给某个姑娘的，史诗、玄幻小说、童话、绘本，都有自己的理想读者，都为这些读者而写。作文，不是散文，不是小说，不是论文，不是哲学，它是规定字数、规定主题，甚至提供了既定思想，只写给阅卷老师看的特殊文章。

语文教学中，写作很多元：随笔，论文，书信，演讲稿，文学创作……这些都是写作。写作是为了生命而表达——若你认为"为生命"太高，那也至少是为了生活而交流。而作文，仅仅是一种严格规范的特殊练习。把写作与作文分离得越远，学生就越终身受益。写作培养的是用文字表达自己的情、思、意、趣；作文，是用七百字演绎一个规定的话题。如果学生只会作文，不会其他写作，那就很可怕了——当下，有些孩子甚至还不知道存在着作文以外的写作。而不会作文的孩子，也一样很可悲，因为那么多年、那么多次的语文考试，作文是绝对躲不过去的那个大跳箱啊。

明白了这些，为什么还要用"真实"二字，让学生玩不转作文这个小把戏?

怎么玩转作文这个游戏?先把"真实"这个假的紧箍咒丢掉,然后,下次我们来好好谈谈怎么写作文——也就是怎么忽悠阅卷老师,怎么用七百字讲好一个故事,并证明:试卷题目里规定好的人生道理,确实很有道理。

"真实"二字绝不会毁掉作文,但对"真实"二字的偏执要求,必定会废掉对写作本真的理解。写作不是回忆、复述琐碎的生活,写作是重新生活,是创造生活。对要求真实的语言和文字,不应该主动造假;但对作文,不应该强调真实。

上课，先把学生打回"原形"

谁都知道教学应该从问题开始，但是，是从学生的问题开始，还是从教师的问题开始？什么才是真正的问题？为了导向最后的答案，随便设计一些提问，能否称之为问题？……所有这些关键处，似乎还很少被认真地追问。

问题的实质不是提问者是谁，而是理想的学习开端处，学习者应该呈现为怎样的状态。

孔子曾说："不愤不启，不悱不发。"两千多年过去，愤悱之境，依然是对教学最佳起点的最佳描述。

对孔子这八个字，朱熹注解说："愤者，心求通而未得之意；悱者，口欲言而未能之貌。"意思是基本正确的，但愤悱之境那种特有的情态却消失了。

白居易在给朋友的一封信里曾说："既而愤悱之气，思有所泄。"这就把那种必须发泄而后快的愤悱情态传达出来了。

从字源来说，古人曾经说"愤"是"郁积而怒满也"，这解释最是精当。《易·贲卦》说"贲"这个卦象是"山下有火，贲"，非常形象；愤，也就是心底有火，却被某种阻碍压着，不得喷发。

也就是说，"愤"强调了思想和情绪的郁积、饱胀，"悱"强调了无以排解、难以宣泄的痛楚。而孔子的意思则就是说：上课之前，如果学生的状态达不到这种愤悱的境地，就不要急着帮他打开、打通、弄明白。

孔子的观点我完全赞同！

问题仅仅在于，古代的大师可以把老大不小的成年学生们噎回去，让他们自己去慢慢想，直到把自己逼到愤悱之境，快疯了，导师才出手点拨、启发，而我们今天的中小学教师却不能这样死等，这样死等，那就必然误人子弟了。

所以我们还得在"不愤不启，不悱不发"之前，再加一个步骤："打回原形，使之愤悱。"也就是说，理想教学的第一步，就是把学生导入到，甚至逼入到愤悱之境，然后，才能够谈如何启，如何发，如何点，如何拨。

结合"教学从真问题开始"，制造愤悱之境也就成了：让学生心里产生真问题，而且问题指向自己，指向对自己原有理解的怀疑与不满，在学生的头脑里展开一场思想的战争。

教学当然可以从学生的提问开始，或者直接从学生的初步结论开始，然后以某种方式把最初的思考、最初的理解打回原形，然后再开始全新的学习。

但若想更可靠些，或者说让教学在一定程度上被设计，被精确地导向愤悱之境，那么由教师设计的大问题，就不失为课堂开局的最佳方式。

我给七年级学生上《丑小鸭》，在学生带着理解复述故事后，就利用学生彼此间的质疑，把课堂导向这样一个真问题：丑小鸭变成白天鹅，不是因为它努力，而是因为它本来就是天鹅蛋孵化的？！那么，如果它本来是一个鸭蛋，是不是说无论它怎样努力，最后都依然只能是一只鸭子？！一石激起千层浪，课堂的精彩纷呈开始了。

我给五年级学生上《三打白骨精》，第一个主问题就是：取经结束，唐僧功劳第一，孙悟空功劳第二，那么在《三打白骨精》里，是唐僧这次没体现出他的功勋，还是灵山领导层本来就是偏心不公正的？一个问题，把学生的偏见打破，打回文本重新细读，直到最后，几乎所有学生的观念都发生了颠覆。

我给六年级学生上《景阳冈》，先让学生填"_____的武松"，结果学生最多填写是"英勇无畏"。然后我拿出几个课文文段，和学生分角色对读，学生自己立马发现了：武松不是明知山有虎，偏向虎山行，而是明知山无虎，才向虎山行！那么，到底武松是胆小谨慎，还是英勇无畏呢？深度阅读重新开始！

上《鹬蚌相争》，我问："鹬蚌夹着嘴怎么说话？"再问："谁应该先松口，才能解开两败俱伤的僵局？"

上《龟兔赛跑》，我问："假如兔子不中途睡觉，乌龟坚持不懈能取得最后的胜利吗？"

上《和氏献璧》，我问："如果你是卞和，你会不会献出宝玉？"再问："你现在不肯献玉，但上完这节课，就一定肯献出来了，相信不？"

用一个问题把学生原有的理解"打回原形"，然后用共同学习来重建更高、更深的理解模型，这也就是维果斯基自己所定义的"最近发展区"。

把上课当成生命里最重要的赴约

一个教师，他一生中最本己的"公共事务"，就是教书、育人、成就自己，它们和私人事务中的奉养、娶妻、生子，一道构成了生命中的双翼。其他所有事务，无论有多重要，或多喜爱，都和这件事有本质不同。

在漫长的教育生涯中，有一个不断重复的仪式，居于职业生命最中央：上课！

教书、育人、成就自己，最直接的方式，就是每天在课堂上把它变成现实，日拱一卒，直至课堂外的一言一行，也成为经典本身。人对课的反复锤打，最终成为课对人的永久锤炼。

每一堂课的成败，对那一天的幸福都很重要。仿佛一场既郑重又不可预测的筵席，所准备饭菜的丰盛，光影与声响的巧妙配合，以及所有参与者的共鸣，共同构成课堂的成败，共同决定了一天的幸福。只不过，学生一堂课的失败，可以在其他的课堂上弥补，甚至到课堂以外去补偿。而教师一堂课的失败，就是这个日子被废黜了王位。

怎样才是一堂好课？怎样才能上出一堂好课？

上课这件事，是人类活动中非常奇妙的现象。它需要极其细致的准备，但谁若按计划推进课堂，必将被视为境界不高；在课堂上，目的是让学生得到锻炼，获得提高，但真正辛苦劳动着的却总是教师……

什么是成功的课？什么样的课才是好课？技术主义、数据主义、人文主义都从不同的角度提出了自己的观点，但是不需要这些，甚至完全与它们相反，所有经历者都心知肚明：无论多有效的课堂，都不是大家心目中的好课——如果课堂上没有思想的碰撞，没有情感的交融，没有某些美感（如优美或者崇高）笼罩了现场，那么无论统计数据多漂亮，纸面任务达成度有多高，仿佛一切都成了冷冰冰的死物，丧失了教育必不可缺的灵性。

于是中国曾经有过，今天依然流行着公开课比赛，以及舞台公开课。这是以扭曲的方式，追寻着一个原本重要的教育真理。只不过，当生成变成了依照戏剧剧本演出，即使最好看、最精美，也不过是在缘木求鱼。最多，它们局部锤炼了一个教师上课所需的一些基本技艺，但是付出的代价，却是日渐丧失对日常课堂的本真领会。

乌克兰的苏霍姆林斯基说得好，用一辈子备课。确实，一堂好课，就是教师的整个生命向学生敞开，对年轻教师而言，一辈子还太短，所以想要上出一堂有创造生机的好课，想要看到学生眼睛里变化着的喜怒哀乐和领会的闪光，用几个小时备课就真的远远不够了。

可是，每天都需要站上讲台，每天都需要开启那个叫上课的仪式，怎么办？！

最终我们能够做的，就只能是"郑重其事"，就像"祭神，如神在"。

仿佛去见一个最最重要的人：决定人生道路的贵人，心向往之的美人，渴望重逢的爱人，想要把一切赠予的孩子……

但好课却不是约会，真正的好课总是一场厮杀，学生在心底里渴望着你能劈开他们的脑袋，从而逼迫他们更新自己的观点——当然如果允许学生自由地表达，他们也经常会反过来启发教师，从更有趣的角度，让教师重新理解自己认识了一辈子的事物。

上课，我们就是在制作意外，并期待超过准备的"意料之外"，这是学生潜意识里对一堂好课的渴望，更是我们经验深处，知道什么时候学生和我们都越过了自身，抵达到新的山峰。

虽然如此，除了把课堂理解为相声和笑声，谁也没法决定真正的好课一定在今天出现，谁也不能保证，这一天郑重准备的见面，会不会惨淡收场。

这才是比艺术更高的艺术。会死亡的才是生命，会失败的才是创造；美好的课堂，需要虽精心准备之后，依然向着未知开放。

一位高明的课堂大师，他一定会和解牛的庖丁深深共鸣：

今臣之刀十九年矣，所解数千牛矣，而刀刃若新发于硎。

彼节者有间，而刀刃者无厚。

以无厚入有间，恢恢乎其于游刃必有余地矣，是以十九年而刀刃若新发于硎。

虽然，每至于族，吾见其难为，怵然为戒，视为止，行为迟，动刀甚微。

謋然已解，如土委地。

提刀而立，为之四顾，为之踌躇满志，善刀而藏之。

童诗与古诗，孩子凭谁去感受天地万物

我的朋友中，陈琴、戴建荣等，是古诗教育派代表人物，雪野、丁云等，是童诗教育派代表人物。他们分别站在一个教育重大问题的两端：儿童入学后，最早的那几年，应该以童诗主导还是古诗主导？

民间对此截然相反、势同水火的意见，比两派代表人物更为极端。

朋友征询于我，我的态度一贯鲜明：

先儿歌童谣（幼儿园，一年级），

再自由童诗（二三四年级），

再唐诗宋词（四五年级），

再现代诗歌（五六年级）……

问题是：凭什么我这么确信？！

这来自对语言本质的沉思，也来自十五年晨诵课程的实践。

我们如何感受天地万物？

凭我们的感官，还是凭我们的语言？

从形而上的开端处，我们就有了绝对的矛盾：没有语言的赠予，我们只能和动物一样感受自然万物；被语言规定了如何去感受，一个人是否还拥有独独属于他自己的感受？

古诗派强调的，就是传统语言丰富的赠予。"语言是存在的家园"，生活在怎样的语言里，就是拥有怎样的精神世界、思想国度。"蒹葭苍苍，白露为霜；所谓伊人，在水一方"；"一弹再三叹，慷慨有余哀；不惜歌者苦，但伤知音稀"……我们很难想象如果丧失了这一切，我们是否还是我们，我们又凭借着什么来思考和歌唱。

但是，一个孩子眼睛里的世界是什么样子的？他并不关心人类远大的命运，他关心的是：大树为什么要长耳朵啊（木耳）？他听到些什么啊？他会把听到的故事，讲给谁听啊？

几乎没有一首古诗词告诉孩子该如何去表达他自己的感受，每一首古诗词都在强调着你应该像它那样高远地去看、去听、去感受……

而保护好孩子的感受力，也就是保护好语言的原创力，让未来的一代人，不因为继承了丰厚的文化遗产，结果反而变成了只会借古人句子表达的学舌鹦鹉。

矛盾的双方各有道理，正如哲学启发我们的那样，矛盾并不意味着双方必须你死我活，矛盾恰恰体现了事物的复杂性和成长性：无矛盾，不发展！

于是就有了我的方案，这个方案的原则就是：所有美好，各安其时。

儿歌童谣才是真正的母语，母亲和母亲的母亲们创造的歌谣——这是语言的奶水。

不被押韵和字数所束缚的童诗，告诉孩子可以怎样自由地捕捉自己对天地万物的感受——这是语言的蜜糖。

古典诗词，把这个语言家园里最最精美、最最动人、最最深邃的表达，赠予孩子——这是语言之盐，融在文化之汤里。

文言与今文，我们用谁去表达

——谈谈小学生用文言写作

一个小学生，洋洋洒洒、亦文亦白写出上千字的"准文言"。有人惊叹、赞叹，认为语文教育由此走上了正道；有人摇头、腹诽，认为这不仅哗众取宠，而且是把语文带向了沼泽。

目前看来，赞同方在票数上遥遥领先，质疑方的质疑只能在私底下传播——怕尖锐的发言引动观众之怒，一夜掉尽了人气。

可惜真理不是由投票决定的，就近几十年的历史事实来看，越是大众热捧的教育模式，往往越愚蠢，越罪恶。

用文言写作文，并不愚蠢，更非罪恶，只是它的意义与价值，恐怕不能依据赞同的人数来判断。

判断的依据只能是：这是不是一种真正的写作？它多大程度上有益于真实的写作？它会把一个人的写作导向何处？

直到今天，学校里的写作教学依然是一笔糊涂账，思想过度限制、形式高度程式的，名曰"作文"的文章样式，不仅扭曲了大多数人对写作的本真认识，而且从一开始就破坏了孩子们的文感，就像涂色和临摹破坏了他们的绘画能力一样，程式作文让一代代孩子丧失了最本真的写作能力。

跳出学校作文范畴，依然囿于满足作文需求的各种创意写作如何？答曰：想象力、修辞、套路都不错，但写作的根子还是不正。

写作首先是有话要说，有话好好说，把话说好说清楚——所谓说好说清楚，就是或者打动人，或者说服人。

如果不是作文教学的扭曲，今文写作的这个基本目的还是很清楚的。打动人的文体，首先是故事（包括虚构小说），其次是散文；说服人的文章，思辨类被称为议论文，研究类被称为论文。罗马和中国的古人从小训练说服人的艺术，可惜思想的禁区太多，所以事倍而功不到半。今天，许多国家在小学生课程里就有正式的论文写作，因为他们知道，有证据的研究，有逻辑的思辨，远比华丽的修辞以及虚伪的抒情重要。或者说，前者才是真写作，后者乃是旧遗毒。以高考作文为标杆的作文命题告诉我们，写作的路子不正，根源究竟在何处？！

作文教学的本质是思想教育，不是灌输任何一种固定思想，阻止孩子自己去思想的教育，而是让孩子去思想的教育，是让孩子努力发挥人之为人的思想天赋，并且用共同体的语言文字，向着同类表现出来的教育。

那么用文言写作，能够为孩子们带来什么？是的，是挺不错的"文言语感"练习，以后写出来的文章，即使没法和别人正常交流，至少能够让人嗅到气息就肃然起敬。这和有人缴纳数万元学费参加贵族礼仪培训，最后学会了用刀叉吃香蕉不无类似之处，对学会了那样吃香蕉的人，谁敢不敬畏？而文言就是我们集体意识里的"老贵族"，我们漫长的历史主要由文言记录，我们珍爱的思想和诗歌，都珍藏在文言里。所以不会素读文言（不必用白话翻译直接意会），是入宝山空手而回。适量的文言写作练习，能够帮助我们更好地感受文言，素读文言。但这不是写作训练，这是文言训练，是为了更好地阅读文言，而不是企图用古老的文言，表达出白话和书面今文也无法表达的思想——你得先有那个思想啊。

民国时期用文言写下的研究成果，基本上丧失了读者；五四以后，没有哪部有影响力的文学作品或思想作品，与文言表达直接有关。你说琼瑶的作品与古诗文关联很直接是吧？那不过是直接抄袭了我们最伟大的古代诗歌。

写作，就是向世界显现你的思想、情感、趣味。

思想，请你用文字表达思想。

情感，请你用文字表达情感。

趣味，请你用文字表达趣味。

一篇文章究竟有多出色，就是需要看它呈现了怎样的思想、情感和趣味。去掉文言的外套，去掉任何照搬过来的词语里还没有消化的附带思想，那些"准文言"和同龄人的优秀文章比一比，究竟哪篇文章更灵动，哪篇文章更真实、有力、深刻地表达了作者努力而来的思想？——是的，思想是努力写作而得来的，它不是写作之前就存在的怪物。不是不一定，而是今日若想再用文言去运筹原创思想，本就注定是徒劳无功的。

当然，如果写作不是聚焦于"寻思、运思"，而是一切意思早已经固定，早已经明确，我们只是在寻找更文雅的词语，那么文言写作倒真是一条好的训练道路。

只是我们的民族与教育，当前最最缺乏的，恰恰是思辨、思想，是努力用语言文字，去抵达不曾到过的深渊。

文言和今文，让孩子用何者去表达，直接体现了我们对文章、对写作的不同理解。但这与其说是对错之争，倒不如说是价值之别，所以并没有绝对的是非错对，有的只是对文字、文章和文化截然不同的理解。

用文言依然可能写出漂亮的文章，不过今天一个人最终立于天地之间的，只能看他的今文文章。

如若不服，请用文言一辩！

草木·农人·诗句

——由评"农历的天空下"课程讲述而修改

这应该是第十三届"农历的天空下"课程总结仪式了。这些天，也就是冬至前后，这片崭新又古老的土地上，有无数间教室在经历着这个仪式。我们以这样的方式，向着唐宋、向着春秋俯首致敬，向着农耕文明里的牛郎织女、诗客骚人们，感恩致谢。

每当这个时候，"相信种子，相信岁月"这八个字就有了真正的力量，相信的力量。

这个课程还能够怎样深化？也就是说，我们还能够从大地和词语中汲取哪些营养？

先于人类，大地首先属于草木，它们是一切其他生命的能量来源，正是它们，把阳光转化为地球上的一切可能，最后创造出诗歌戏剧，以及数学公式。

培养听懂草木之心的敏感，是这个课程的前提条件，同时也是穿越这个课程的第一个重要赠予。也就是，敏感之心虽然与生俱来，却需要好的课程去刺激培育，否则它就会在时间里慢慢钝化。钝化则麻木，麻木则不仁，对于儒道文明来说，麻木就是异化，就是非人道，就是生命的不道德。

所谓的伤春悲秋，就是春秋这两个季节气候的剧烈变化，带给生命的冲击。其实令我们慷慨悲歌的不是春天或者秋天，不是花朵或者落叶，而是它们在提醒我们：我们和草木一样，是时间里的物种，是会绽放也会凋零的，是能够美丽也可能枯萎的。

现在，大多数城市草木人们选择了常绿树，园林工人在背后精心打理着一切，让我们只看到四季绽放的鲜花，看不到花朵的凋零，看不到整个季节的荒凉——这是对生命的欺骗，它无法培植我们对大地、物候、草木的敏感。

真正的物候观察者，他会去选择两种草木作为观察对象。一种是最本土的物种，它们和观察者脚下的土地浑然一体，是土地真正的代言人。譬如西北的杨树、苦菜与杏花，江南的柳树、马兰头与梅花。再者就是最具代表性的，被人类选择了的物种，它们和人类的生活浑然一体，深深地镶嵌在人类的日常中。譬如麦子、水稻、茶桑、高粱、油菜……是的，最具代表的草木与四季物候就是这些农作物，经过千百年的驯化，它们和人类，和特定的土地已经你中有我，我中有你，成为一个真正的共同体。

到这里，课程就不再停留于自然，而是一部历史、一个社会了。这时候，一棵竹当然还是建筑和工艺材料，当然还是山上、庭院里的风景，但它首先意味着冬笋、春笋和夏秋季节的鞭笋，意味着腌菜冬笋汤、咸肉煮冬笋、咸菜炒笋丝、红烧春笋、干菜鞭笋汤……我刚才提到的，可不仅是四季不同的笋啊，还有两种冬天里的菜，被人们制作成不同工艺的腌菜、咸菜、干菜。这样的过程，既是烦琐与辛劳的，更是美丽与迷人的。如果从人类进化的角度去观察，从人类文化的角度去谛听，这简直就是一首首隽永的诗歌，值得我们去理解、去欣赏、去思考、去感激。

这就是人类文明诞生的背景，《诗经》《楚辞》、唐诗宋词所诞生的背景，是所有传承到今天的词语的空气。离开了这一切，我们怎么能够理解"两个黄鹂鸣翠柳，一行白鹭上青天"？怎么能够理解"种豆南山下，草盛豆苗稀"？

这是属于我们先人的生活方式，有一种被遗忘、被抛弃的东方美学深涵其间。

徽式建筑的美学从哪里来？晋式建筑的美学从哪里来？新中式的建筑美学又从哪里来？宋明极简主义的美学从哪里来？

只要我们想要自己的创造，想要有自己根基的生活，那么我们的语言文字就极其珍贵，而创造我们语言文字的先人们，其实离我们并不遥远。因为，他们和我们生活在共同的太阳下、大地上、二十四节气里，围绕我们最重要的草木与食物，也还并没有彻底地改变。

"农历的天空下"是一条道路，一座桥梁，我们穿过它不是为了回到过去，生活到过去，而是为了栖居于某些重要词语的本原处、创生处。在汉朝的强盛里，有商周文化的赠予；在唐宋的繁华里，有汉朝和魏晋的赠予。我们必须在前人的丰富赠予基础上，创造出我们的词语，我们的诗歌，我们的文化。

二十四节气，乃是我们的先人在自己的土地上"经天纬地"，"给每一座山每一道河流取一个温暖的名字"，它们不是有待破解的文化密码，而是中国文化的根本基因之一。

如果有一天人类必须离开地球、流浪太空，我们从此将丧失太阳、大地、熟悉的山川河流，但是，至少有两样东西我们只能携带，且不太可能改变。

其一，我们依然是稀疏大草原上诞生的物种，我们的爱憎和潜能不会有本质的改变，它们也就是所谓的"普世价值"，是我们生物的DNA。

其二，对于汉语汉字圈的传人而言，李白、杜甫，苏轼、王维，二十四节气，大漠、中原和江南，都不会因为我们飘荡在孤独的宇宙而消失，它们根植于我们语言深处、思维深处，它们就是我们自身，是我们的文化DNA。

当我们携带着这两种DNA流浪太空，我们将终于知道"农历的天空下"这个课程究竟意味着什么。

二十四节气·教育·课程

申遗成功后，各地掀起了一股二十四节气热。但如果对二十四节气的深层内涵理解不到，流于表面形式，搞着一时热闹却到不及灵魂的花招，那么最好的事物也会被扭曲，且最终再度沉寂下去。

如果把二十四节气当成抽象知识，那它就显得太简单，人类几千年甚至上万年的探索，一堂课四十分钟就能讲完——但这种六耳猕猴式的知识并没有生命的意义和价值。

如果把二十四节气当成今天的生活方式，复活它，又太遥远，太迂阔，而且依样画葫芦，丧失的是活生生的生活智慧，留下的是形式主义的外形躯壳。

只有以历史的方式，以领会古人何以如此的方式，我们才能真正把握二十四节气里的教育价值：劳动的艰辛和智慧，四季的更替与诗意，阳光的力量，大地的沉稳，万物在天地间不同的形态、生态，以及它们和人类息息相关的命运。

也就是说，二十四节气，是我们读懂先人，读懂这片大地，读懂身边万物的一个契机、一组密码。对它们的破译，带来的将是我们与祖先和大地深深共鸣的认同感，将是领会先人智慧和万物智慧的理解力，将是感受到诗经楚辞、唐诗宋词中所有词语不同温度的感受力。

传统文化教学，最可怕的就是死搬硬套，字面意思地把过去的经验当成真理，而不能做到以今释古，以古通今。

就二十四节气而言，可能被普遍照搬、采用的"黄经"和"物候"，就是两个需要在今天重新理解、重新观察，而不能照搬照抄的固定概念。

二十四节气的太阳黄经度有：春分0度（360度），夏至90度，秋分180度，冬至270度，春分360度（以五个节气为例）。

但是其实我们现在知道了，太阳根本没有绕着地球转，这个360度完全是假想出来的太阳轨迹。

科学的真相是地球绕着太阳公转，又因为自身的倾斜，所以太阳在地球上的直射点就呈现有规律的变化，从而形成了特定地区的四季和二十四节气。

春分和秋分，太阳直射赤道，所以白天和黑夜等长。夏至太阳直射北回归线，当日北半球白日是一年中最长的。冬至太阳直射南回归线，当日北半球白日是一年中最短的。

古人的解释显然是落后的，我们如果为了"复古"而依然记忆那些早已经失效的死知识，那就误人子弟了。

同样道理，古书上的物候，每个节气依次出现的"三候"，今天是不是还符合，尤其是，是不是符合从海南岛到黑龙江南北差异那么大的区域，就很值得商榷。

譬如惊蛰三候，一候桃始华，二候仓庚（黄鹂）鸣，三候鹰化为鸠。恐怕全国符合其中一两个物候的地方很少，而全部符合的绝无可能。但不让学生自己去观察身边真实的物候，而是复制粘贴不知哪个朝代极不科学的物候记录，那就完全是有违科学精神的又一种"读经运动"。

不同的纬度，不同的海拔，乃至不同的地理环境（比如海边和沙漠），物候都是大相径庭的。我们要让学生感受的，是自己脚下那片土地的物候和阳光，而不是故纸堆里的死知识。

所以一个理想的物候观察与记录、交流的模式，就是利用今天的科学知识，利用互联网，在每一个节气，进行全国范围内的物候描述。利用这种观察和描述，我们甚至能够清晰地记录天鹅和大雁迁徙的路线和时间，记录不同纬度和海拔，同一种花朵开放的先后顺序。进而，我们可以和古人的观察与记录对照，纠正古人的错误，比较那个时代与我们今天气候的冷暖。比如《清明》一诗写到清明节杏花盛开，我们就可以依据这个信息，或者比较两个时代的冷暖，或者在确信两个时代冷暖的前提后，考证诗歌创作的真实年代。

比物候观察更重要的是领会二十四节气对古人的意义，而这也正是我们今天疏远、淡忘了那种生活方式，进而曲解了二十四节气的结果。

二十四节气是阳历——不是阳历，更不是阴历，而是中国人的太阳历、农业历。

中国人为什么要创造二十四节气？因为我们是以农业为根基的部落，在我们先人繁衍、发展的核心地区，也就是黄河、长江流域（该流域，也代表了附近的钱塘江、淮河、海河等流域），我们种植庄稼的时机是非常重要的知识，它甚至能决定一个家族的兴衰，一个部落的存亡，一个朝代的成败。

所以，把二十四节气和农作物种植进行密切关联，才是二十四节气的本色，其余所有元素都是这个根基的延伸。

物候，开始不是作为科学家的兴趣而被观察的，而是作为农人对天空和大地的把握，而精心观察的——甚至可以说，二十四节气是死知识，而活生生的物候，大地和万物的气息，才是确证是否播种的信号。

在此认识基础上，我们可以还原一万年前古中国人在南方驯化水稻，然后在北方驯化粟子的情景，还原约四千年前从远方引入麦子的情景，以及从明朝开始，引进番薯和玉米，真正解决饥饿问题的往事……

我们可以猜测：为什么水稻会有插秧这个"庄稼幼儿园"的特殊环节？这是纯粹的迷信、多此一举，还是古人极其伟大的智慧？

我们可以推演，如何从同一种水稻中，出现了早熟和晚熟的品种？我们可以站在古人的立场，来考虑如何配置庄稼，如何提高土地的肥力？如何解决越来越多的人口的生存问题？

以及，我们可以考虑种植水果、药材，或者蚕桑、茶叶是不是更为合理？为什么北方的游牧方式居然是最低效的土地使用？也就是说，在农业的基础上，我们开始有了经济学的考虑方式，有了商业的考虑方式。

我们进而去反思，中国究竟是农业的中国，还是隐藏了一个商业秘史的中国？或者，我们的重农政策，是不是反而伤害了农业，甚至延误了中国？

二十四节气最终蕴含着的，是中国古人面对的诸多生存难题和朴素的生存智慧。

但生存下来之后，那些依赖于农业而生存，但已经脱离了农业，仅仅成为农业的观察者、歌唱者的诗人，就赋予了二十四节气以美学的意蕴。

我曾说，每一首唐诗宋词都有它特定的温度，古中国的诗人们习惯了从身边的物候写起，并把自己的情绪和理想寄托于大地、天空、草木和候鸟。

所以我们大部分诗词都带着二十四节气的烙印，都可以被编排进二十四节气中。2007 年，我就是基于这一思考，设计了"农历的天空下——中国古诗词之旅"的晨诵课程，由常丽华、陈美丽等人加以开发，现在已经以各种版本，流行于全国各地。

但二十四节气既不是中国古代历法的全部，也不是中国人独一无二的创造，对它的过度拔高也是根本没有必要的。在中国以外，外国人同样也有类似的创造，甚至年代可能更早——但确实没有像我们这样成为几千年的生活参考。

而在中国历法中，我们还有一个和阳历同样重要、当年甚至更重要的阴历，它是以月亮的圆缺（朔、望、晦）为依据的月亮历。就节日而言，除清明和冬至外，二十四节气的其他节气都没有成为重要的古代节日。而阴历日子的节日可就太多了：一月十五元宵节，二月十五花朝节，七月十五中元节，八月十五中秋节，十月十五下元节……还有：一月一日元旦、正月初一春节，三月三上巳节，五月五端午节，七月七乞巧节，九月九重阳节……我们不难发现古人创造节日的密码方式，而这些节日带来的欢愉与悲哀，带来的政治记忆，都和二十四节气同样重要、同样深刻地烙印在历史里。

　　所以，只有把二十四节气融入中国古代历法中，融入中国历史中，融入中国诗词、文章、绘画和养生中，融入这片土地和它之上的万物和阳光中，它才有自己更恰如其分的荣耀。

语文课程不承担文学创作

语文课不必对诺贝尔文学奖、好莱坞电影负责，只要政治清明、思想自由、经济繁荣、对异域声音开放聆听，那么无论文学、哲学还是艺术，都将不断地涌现出杰作。

文学不来自于语文课堂，语文课堂进行的是文学鉴赏。

文学来自大千世界芸芸众生的欲望、悲喜，今天的中国依然是文学原创的沃土，虽然现实可能在一定程度上限制了它的自由发展。未来回头梳理今天，今天不是一无所有的贫瘠时代，今天只不过是百草丰茂、野花盛开的畸形繁荣时代。

语文课程，培养的是和世界、历史、社会进行明亮对话的公民——如果"公民"二字仅仅指符合社会期待的人的话。

文化文学既是个体思想和审美的必需，又是成为"我们"的黏合剂——唯有共同的故事、诗歌，才造就真正的共同体，真正的"我们"。

更好的个性，更好的"公共性"，这才是语文课理所应当承担的，因为唯文化文学，才能最好地实现这二者。

但语文课程远不止此，思维，思辨，更好的理解力、表达力、表现力……

但基本没有文学创作的教学——因为文学创作不是教学出来的，语文教学只会破坏文学创作。文学创作者是一个有文字功底、有欲望、有不可抑制的充沛情感的自由人，是以超越语文课堂的方式创造出来的。

我们的语文课堂，教学文学创作的比重不是少了，而是过多了！然而教的越多，对未来的创造制约越大，因为语文教师的程式正是文学创作的天敌。

童年必然编撰童话，青春必然创作诗歌……语文课程只需要许可就是了，它是学校的隐性课程，文化氛围，少数人的社团和社区，不必作为语文课堂的课程。

语文是一切的基础，是成为人的最根本的课程，其目标不是培养文人。

文学鉴赏，是每个人应该具备的；文学创作，是少数人的自由爱好。

但语文不仅仅指向学问，历史的书写，法庭的辩论，政治的演讲，经济的谈判……这一切理当是语文课程的合法内容，至少是必要的素材。

莫言不是语文课堂能够培养的，钱钟书不是语文课堂培养的唯一目标，他们是自由的富足的开放的对话的世界里自然涌现、必然涌现的创造者。

语文课程为一切奠基，却不能把目标指向某个人、某类人。

语文课的英雄不应该仅仅是李白、杜甫、苏东坡，法官的判决，律师的辩护，外交家的辞令，政治家的演讲……语言文字以及密切相关的语文文字的世界，都是语文课程的源头活水。

张建文提问：语文教学不重在教文学写作，那么语文教学中的写作教学的目标是什么？写作课程如何设计和实施？

干国祥：为生活而写作！叙事能力，抒情能力，辩论能力，打动和说服，法庭的辩护词，记者的报道……今天的社会生活，今天的幸福完整，今天的优雅高雅……这些都是语文课程的目标。而且还有一个更高的目标：超越今天的目光——不是以批判今天为能事，而是具备反思今天、改造今天的眼光。

张建文：语文不培养文学家，这是共识。我的疑问是就写作课程来讲，目标如何确定，如何实施。

干国祥：这已经是具体的课程细节问题。但有了目标和方向，具体课程就没有想象中那么困难了——我们不一直在这样改造语文课程吗？

何为童话，何为寓言

——关于《皇帝的新装》和《卖火柴的小女孩》

在昨日的微信公众号里，我发表了一个不同于"常识"的观点："《皇帝的新装》这个一直被误以为是童话的文本，其实应该是一则寓言。但它寓意的深刻和普遍，却远远超过了一般的寓言。"

这个观点自然引发了许多人的质疑或者反对：鸡生的蛋当然是鸡蛋，童话作家写的，怎么会不是童话？！

鸡下的蛋当然是鸡蛋，但鸡下的不一定是蛋，还有鸡屎啊。至于童话作家，很可能是因为没有成为戏剧家、小说家，才成为童话作家的。仅仅是安徒生写的就是童话，这显然太惯性思维了。

但我们确实要回答这些问题：什么是童话？什么是寓言？

在我写的第一本《破译教育密码》里，我曾经有过这样的表述：

在许多人的概念里，童话是和神话、民间传说，甚至寓言混杂在一起的。连专门研究这些体裁并写出了《童话人格》一书的柯云路，也未能将它们区分出来，或者只是没有想到有必要做这样的区分。因为这几种文体在外在形式上都有着想象、虚幻的手法，在内在结构上又都体现了人类的"原型"或"情结"，所以他便将它们混同在一起，统称为"童话"。而在施勒格尔和刘小枫等哲学、美学家眼中，这些体裁又被统称为"神话"，成为人类为自己的生存寻求意义的最重要手段。

其实，这四种体裁不仅在文体上有着很大的区别，而且虽然有着相似的结构方式，但它们呈现给人的"味道"却是极不相同。寓言长着一张教师面，喋喋不休地说着一个自以为是的道理（尽管这个道理往往经不起推敲）。道理是寓言的核心和关键，故事是居于第二位的，是为了把道理说清楚而"编造"出来的。民间传说混杂了神话、童话和寓言的多重特点，但更多地带着民俗与特定时代的烙印，而缺少人类共有的内在结构。民间传说和寓言在结构上有相似处，但是在这里故事成为首要的，而道德教训不仅只放在第二位，而且往往是因为故事本身有与道德相冲突的内容而临时添加进去的，从而显得比较生硬与无力（在元明清白话中，色情故事后面添加的道德教训便是典型的例子）。童话顾名思义是写给孩子的故事，但是其实成人们都知道，像安徒生童话和《小王子》这样越是经典的童话，却带有越多的成人味道。

神话和童话的区别，在我看来是一个向后，一个向前；一个消极，一个积极；一个现实，一个浪漫；一个揭示存在的宿命，一个表达人类的梦想。如果不考虑"原型"和"情结"这两个词在西方学术中的词源，而仅从汉语的字面意思来理解的话，那么这两个词倒挺能概括神话与童话的特点：神话蕴含着人类无意识的原型，童话孕育着人类有意识的情结。

神话告诉人们你从哪里来，将到哪里去，这是一条怎样的道路，在路上将经历哪些考验，并最终将有什么结果。虽然它也告诉你该如何选择才能避免灭亡，并走上较好的道路，但是更多原始的神话所反映的，却是完全的宿命（如希腊神话中俄狄浦斯弑父娶母的故事）。所有民族的神话都告诉我们人类是从泥土中诞生的，人类具有"恋母弑父"（或"恋父弑母"）的倾向，人类个体的智慧与拼搏在永恒的上帝那里只是一种可笑的游戏（如普罗米修斯、西西弗斯和夸父的下场）……

童话则是表达我们希望到哪里去，希望改变什么或者获得什么。童话是作者的梦想，蕴含着创作者的全部希望；而当一个童话成为经典，也就意味着这个希望成为全部阅读者的希望，成为人类所共享的"情结"。于是每个人都希望自己是"丑小鸭"，每个男孩子都希望自己是"彼得·潘"和"鲁滨孙"，每个女孩子都希望自己是"白雪公主"或者"灰姑娘"——

从童话的角度讲，"灰姑娘"比"白雪公主"更具有吸引力，这当然仅仅是因为大多数人的出身与命运注定了她们不可能是白雪公主，而只能去梦想由"灰姑娘"变成"公主"的人生历程。在一些小说经典里，也依然沿袭着童话的梦想模式。譬如，每个大男孩都希望自己是"基度山伯爵"，每个大女孩都希望自己是"简"……

那么十五年过去了，对于童话和寓言，我是否有需要补充的地方呢？

补充自然是有的。在我看来，童话，确实可以理解为模拟儿童理解世界的方式，针对儿童心理需要，为儿童而写的故事。儿童理解世界的方式，就是所谓的原始思维，也可以说是"万物有灵"，或者说把自己的思维外推到所有事物，包括动物甚至器具、石头、河流，都像儿童自己一样思考问题。儿童的心理需要就是对安全感的追求，并在确保安全的基础上，建立起对探索广阔世界的兴趣。

当然，所有的文学大家都是文体突破者，如安徒生，他在写童话时就不太在乎儿童的心理需求，而更多写的是永恒的人性。

寓言在今天的我看来，更多是和"反讽"这个概念联系在一起的。反讽不一定是讽刺，而是对世界一种不同于悲剧和喜剧的构思方式，它介于反思和讽刺之间，寓言的讽喻、说理，就是这种方式。我们还可以说：童话是喜剧的，神话是悲剧的。

我曾说，《皇帝的新装》这则寓言的寓意，乃是谎言无所不在，我们都被胁迫进入了谎言，并继续参与着谎言的制造、维护。

这样一种表述，它是很典型的讽喻与反思。

基于此，我把《皇帝的新装》理解为是一则伟大的讽刺寓言——当然可以说是童话，广泛意义上的童话。《卖火柴的小女孩》，我们可以理解成一篇批判现实主义小说，或者说批判现实主义童话——而这个概念，其实很滑稽。

以动物小说的言说方式教《最后一头战象》
——兼评何捷老师同名教学

有幸在杭州的"千课万人"活动现场聆听了何捷老师《最后一头战象》一课，当时同课异构讲解这篇课文的，还有来自马来西亚的黄先炳先生和来自台湾地区的葛琦霞老师。

我在评课议课的环节，说何捷老师此课是咬开了文本这个硬核桃一道缝，透出了文本内在的一缕清香，但可惜没有继续咬下去，把文本真正地"咬开"。

当时我并举的另一个评课比喻是：黄先炳博士的那一课，是咬开了文本的核桃壳，可惜最后把核桃仁也一并咬碎了。

评课之后，来自湖北省的周银浪老师当即撰文表示，"（干国祥老师）对于何老师这堂课的评价，我并不认同，我忍不住想说几句自己的看法：老师带着孩子读文本，就要掌握好打开核桃的度，就是要带着孩子们把山核桃砸开一条缝"。

我想这不仅仅是周老师一个人的看法，甚至在一定程度上，这是目前小语绝大多数一线教师和一半以上名师的语文教学观。

我想，理解和评议阅读教学，是有不同的维度的。如果大家没有澄清言说的前提，那么各执一词的自说自话固然"百花齐放"，但真正的百家争鸣却并没有产生，有价值的"共识"或"临时性共识"就不可能在言说中形成。在评课现场，我在应邀答复葛绮霞的课"有没有咬开文本的核桃仁"这个问题时，曾说："葛老师的教学计划本就没打算咬开文本的核桃壳，她把此课的教学重点放在课堂形式的探索、变革与展示上。如果这个目的也是合理的，那么她舍弃咬开文本，而致力于小组讨论这一种新的教学流程的探索自然也是合理的，这只能从另外的角度来讨论了。"

而何捷老师此课，何老师事先拟定的教学目标除学习生字新词外，主要就是两点：

1. 正确、流利、有感情地朗读课文，能用自己的话讲讲这个故事。

2. 感受战象嘎羧的善良、忠诚，学习作者表达情感的方法。

何老师的课当然是相当完美地达到了以上目标。但我们发现，这里并没有涉及文本理解的问题，也就是没有涉及"要不要咬开文本这个核桃"的话题。也许，何老师设定以上目标，或者是假设文本已经被孩子们正确理解了，或者是认为文本深处与背后的含义，是没有必要作为教学内容的，而且学生没有对文本的较深层次的理解，是不会对阅读教学构成妨碍。

假如要我勉强为这类教学归个类，我是不是可以称之为"无须分类的，以感受与表现为重的阅读教学"呢？

就我本人而言，我是习惯于先对文本进行一个"判"定的：记叙文和小说不同，寓言和童话不同，游记和风景介绍不同，古诗和现代诗不同，习惯于用典的古诗词和兴发感动的古诗词不同……

譬如此文，我会首先判定：这是一篇动物小说。而裁定它是动物小说也就意味着：

1. 不同于记叙文，它不是真正的，也无须是真实的；

2. 它不是要讲述一个传奇的故事、新鲜的见闻，而是要通过"人物形象（动物形象）"来传达人类内心某种较为普遍的价值观；

3. 不同于童话，它要传达的主人公的"德性"，一定是要和该动物的某些真实的习性有关联的，哪怕是传说中的相似性。

也就是说，我得让学生知道这些。假如学生信以为真地把小说当成事实接受，那么无论是因此产生的错误认知，还是反转到极点，产生对文本虚构的反感，甚至极力批判，都可能是源于教师"判"错文本或不加辨析的结果。

我认为，一类文体就是一类有共通游戏规则的阅读游戏，譬如读童话时，我们不应该发现动物在说话、声音被冻住、影子想造反，然后就宣布说：这都是骗人的、假的、没价值的。而在读晚唐、宋朝的诗词时，我们也须注意到，诗句中出现的"柳""松""菊"也并不是说作者在现实中看见的就一定真的是这些植物，而是作者想借此来表达自己意趣（离别、高洁、隐逸……）的某种"密码"。

窃以为，不懂得这种游戏的教学有可能变得荒谬或肤浅，而阅读教学在很大程度上就是进入这种游戏，熟悉这种游戏，洞察这种游戏。

不懂这种游戏，便是连"知其然"的层次也没达到；熟谙这种游戏，便进入"知其所以然"的境界。

我再度强调：动物小说的教学，在小学中高段及以上，应该是一种同时揭示动物小说这一文体的游戏规则，并讲述具体这篇小说拥有怎样的"形象—意蕴"的语文活动。

前面我讲了不少动物小说这一文体的游戏规则，这里再简单讲讲《最后一头战象》这个文本特有的"形象—意蕴"。小说依据几大要素的轻重，有重情节的，有重人物形象的，有重环境与人物互动的，毫无疑问，这篇小说重的是人物形象（动物形象）。小说刻画的是嘎羧这最后一头战象的晚年生活、临终生活，以及对自己死亡的安排。那么，它打动读者的原因是什么？是人们对大象这种生活习性的敬畏？

抛开细读的过程，我可以简单描述如下：

大象嘎羧的晚年生涯和临终前后，和抗战老兵们的晚年生涯是极其相似的。小说打动我们的，是战士对部落（家国）的忠诚守护，是普通百姓对寂寞老兵的由衷敬意，是"忠诚与牺牲"这一人类普遍的人性。崇高美借着嘎羧这一形象，让这种情感在每一个读者心头的再度涌现，甚至进而完成一次对读者的精神上的"卡塔西斯（洗礼）"。

我们的教学，除了抓住大的这个文体游戏规则和文本主旨外，应该再做些什么呢？

试答曰：像何捷老师一样带着孩子们进行文本细读！因为何捷老师的课堂做得很扎实，师生们对文本的咀嚼是细致与实实在在的。如果我们把阅读教学定位得像我企望的那么深，那么这是一堂扎实而美妙的课。只是，如果我们想对语文教学有再高一点的企望，那么我们就可能需要学生不像在课外阅读小说、观看电影那样，仅仅是被感动，是在消费着文本和情感，而要成为创造者、理解者、清楚游戏规则的游戏者，要"知其所以然"。

也就是说，要理解作者的"运思"，理解作者是如何塑造嘎羧这个人物形象（动物形象），进而打动读者的。

其实，因为有了动物小说文本的自觉，所以我在初次接触这个文本时，头脑里盘旋的，就不是异国情调的大象形象，而是自己幼时，住在偏僻村头的老兵形象：他们的性格因为漫长的战争，因为目睹无数战友的伤亡而一定程度地扭曲了，变得孤僻乖戾，甚至无法跟村民们正常交往。有时候，他们活在自己出生的村庄里，活在故乡，就仿佛是异乡的游魂。我有时甚至忍不住想象：在他们年迈的梦里，会不会依然响着战场的号角，枪炮的轰鸣，并依然能感受到当时自己的恐惧、悲愤，以及愤然而起的刚毅……

所以我在评课时建议，在最后一次朗读这篇课文时，我们能不能用这样的形式来进行：

所读的，还是这个文本。但图片全部采用抗战老兵的照片：那从中国远征军九死一生幸存下来的老兵，那从南京保卫战、长沙保卫战、衡阳保卫战……无数场巨大的战斗幸存下来的寥寥无几的老兵们，他们沧桑的脸，他们哪怕战争早已经结束，却依然被战火折磨着心灵的寂寞与痛楚的漫长岁月……因为他们，就是我们这个民族的"最后的战象"。

诗歌的今古之辨

干国祥：现代诗与我们有距离，就是因为我们依然是一群农耕人：喜好、梦想、道德、审美……都是农耕时代的。我们是一群穿上了西装、牛仔，脱离了庄稼地的伪农民。

古代诗人的麦田，和现代诗人的麦田完全不同，同一个物体，却是需要不同的意象——因为其中的"意"是截然不同的。

现代诗的意是什么？它何以成为诗？

这确实需要有一次根本的转型。

我就无法写现代诗，因为年轻时没有机会接触，也就错过了。后来对于诗的鉴赏，得益于哲学、宗教和近现代美学的熏陶，更得益于自身存在的"现代化"。

张建文：中国古代诗论，它们自始至终都不是以直接思考主体创作规律，揭示艺术创作的奥妙，探讨创作者复杂精神活动为目标的；关注"成品"的阅读，汇集"成品"的知识，传达个人的鉴赏心得才是其主要的特色。从这个意义上说，中国古代诗论可以被称作一种读者对于诗歌的"鉴赏论"，或者是特定的读者从"社会需要"出发对于诗歌的"征用论"。我们甚至还可以发现，尽管在我们这样一个巨大的"诗国"当中，文人皆诗人，但是绝大多数有影响的诗歌论著都不是出自创作成就突出的诗人之手，这也有趣地表明了诗论与诗作在"发生学"意义上的分裂。

西方"无论是技艺学视野中的古典主义诗学还是美学视野中的浪漫主

义诗学，都是立足于写作过程并在对作者心性机能的假定中确立起来的。换句话说，它们都是从作者的心理机制出发来思考诗（艺术）的本质的"。

与之相反，中国古代的诗家总是在相当具体地用诗、读诗，这实际上便将"诗"的言论实在化和确定化了，所以我们所有的都是具体的诗歌的评论，而没有更加抽象的"诗学"。

现代诗歌创作作为中国现代文人集体参与、集体建设的一种文学活动，新的诗歌创造与诗歌发展的命运常常联系着众多文化人自己的生存与艺术事业的选择；也就是说，在这些现代新诗的批评者提出对他人作品的评论之前，他们本人很可能就首先是一位新诗运动的积极倡导者，是现代新诗写作的那少数的先行者。对于诗歌，他们是休戚与共、命运相融，对于诗歌的评说，自然也就不再是一个超脱的"品味"与"鉴赏"的问题，而是自身的价值和生命的展开的过程与方式。

以上四段皆源自该文（李怡《论中国现代诗论的现代性问题》），它论述了西方诗论与中国古典诗论的区别，目的在于说明中国现代诗论的特征。西方古典诗论是发生学的，中国古典诗论是鉴赏学的，而中国现代诗歌也是存在性的。古代诗人和当代诗人对田园的回望完全不同。

曹晓丽：现代人和古代人真正的区别是什么？这种区别怎么能催生出现代诗和古代诗的本质区别？

把对麦田的向往看成是古代人特有的，是否合适？人，从远古的自然走出来，不管走多远，不管走到了一个什么地方，都是远去，都始终在回望，这回望的心境大致相同。

所以古代诗歌中所表达的对田园的回望和向往，并不单属于古代人，而属于人。这不是古代与现代的本质区别。

干国祥：语文教材没有几首现代诗，有的也大多是白话的古代诗。相比而言，崔健们的摇滚，比大多数白话诗歌更"现代"，更"诗歌"。打动我的现代诗，以海子为重，另外就是歌曲给予我更多当代诗人的精神世界的信息。

王彦芳：干老师有时间时，给大家聊聊崔健、海子。

干国祥：中学教材里有哪几首现代诗？我记忆里有感觉的好像只有艾青的《假如我是一只鸟》以及《面朝大海》。

曹晓丽：《面朝大海，春暖花开》《雨巷》《错误》《死水》《让我们一起奔腾吧》。以及艾青的《我爱这土地》《假如我是一只鸟》。

干国祥：《雨巷》还是白话的古代诗歌。

张建文：穆旦的《赞美》，艾青的《大堰河——我的保姆》，徐志摩的《再别康桥》，舒婷的《致橡树》。

王彦芳：《大堰河——我的保姆》《再别康桥》《死水》《雨巷》《祖国啊，我亲爱的祖国》。

王富超：我是你河边上破旧的老水车。

干国祥：以后可以举办一次专题研究，我们需要怎样的现代诗教材，以及如何教。没有现代意识和现代诗意识，其实教学很偶然、很盲目。

曹晓丽：还是不太清楚什么是现代意识和现代诗意识。

张建文：《社戏》的前两次看戏是现代的诗意，后面则回到了古典诗意。

王富超："现代"一词我觉得不够明确，古代诗很明确，思想和经济都是很确定的，比如"四书五经"和"小农经济"。现代是什么？没有一个统一的标准——主要是想法不明确。

干国祥：可能词语可以更精确，词不达意。统一不需要，有所意指，而且确实是个真实的现象。一首普通的古代诗歌翻译成白话，是不是现代诗？顾城，尤其是海子们诗歌的价值，究竟何在？

曹晓丽：他们传递了现代人的迷茫、焦灼、虚无感。

张建文：古诗和现代诗的根本区别在于古诗追求和谐，而现代诗追求冲突，无论形式还是内容，现代诗都具有戏剧性。闻一多的《死水》、郭沫若的《天狗》都是在新诗起步阶段就具有这种戏剧性特征的现代诗。

为要寻一个明星

我骑着一匹拐腿的瞎马，
向着黑夜里加鞭；——
向着黑夜里加鞭，
我跨着一匹拐腿的瞎马！

我冲入这黑绵绵的昏夜，
为要寻一颗明星；——
为要寻一颗明星，
我冲入这黑茫茫的荒野。

累坏了，累坏了我胯下的牲口，
那明星还不出现；——
那明星还不出现，
累坏了，累坏了马鞍上的身手。

这回天上透出了水晶似的光明，
荒野里倒着一只牲口，
黑夜里躺着一具尸首。——
这回天上透出了水晶似的光明

徐志摩的这首诗也是具有戏剧性的，徐志摩诗歌的丰富性远远被我们低估了。

干国祥：徐志摩是自身的存在偏浅（虽然足够机敏优美），所以诗歌文章就未免撼动不足。

张鹏：教学中，我把徐志摩的《再别康桥》当爱情诗解读，借此启发学生思考现代的爱情观。

张建文：讲爱情还是舒婷的《致橡树》和《神女峰》，顾城的《远和近》，卞之琳的《断章》，不过后两首的意蕴远远超出了爱情范畴，是人的存在关系。

张鹏：个人认为，徐诗不如戴。戴的《我的记忆》很有现代感。还有《萧红墓畔口占》——

走六小时寂寞的长途，
到你头边放一束红山茶，
我等待着，长夜漫漫，
你却卧听着海涛闲话。

1944.11

张建文：认同，两人的诗不是同一级别的。

王富超：《再别康桥》的爱情是否具有了现代性？有的。

张建文：王老师，现代性体现在哪里？

王富超：超越了古诗中男主女从的依附关系。

张建文：我在康河的柔波里，甘心做一条水草。这还是依附啊。

张鹏："在康河的柔波里，我甘心做一条水草。"不是依附，是"驯化"。《再别康桥》里的爱情，是真爱，也是自由与美。

王富超：张建文老师，这里难道不是一种投入美好事物怀抱的感情，是依附，其实是在完成自己的。水草也是美好事物。对现代诗所得甚少，期待高见。

张建文：这是一种泛化的爱。康河是一种象征，西方文化的象征，徐志摩就是河中的水草，随水波飘荡，是一种不对等的关系，何来驯化？

张鹏：前面说过，我把《再别康桥》解读为爱情诗。所谓驯化（或驯服），是玫瑰对小王子的驯化。

王彦芳：张建文老师和张鹏老师给学生解读《再别康桥》时，会倾向于哪方面，或者有其他意象的解读？

张建文：关键是它本身不是一首爱情诗，或者最多可以在泛化的意义上解读为爱情诗。从康河与水草的关系上，它们不具有对等性，也就不能理解为驯化关系，驯化的基础是平等。在对抗冲突中形成一种刻骨铭心的默契关系。玫瑰是有刺的，会伤人的，水草没有，只有顺从与和谐。"我的眼是康桥教我睁的，我的求知欲是康桥给我拨动的，我的自我意识是康桥给我胚胎的。"

王静：我也觉得《再别康桥》不是一首爱情诗。这首诗贵在形式、节奏整齐，在当时合乎新月派的诗歌理论。闻一多说诗要作，郭沫若是写。而徐志摩的诗好在作得不露痕迹，暗中下了功夫，给你感觉很自然，其实他是作的。臧克家就是苦吟，缺气势。

王彦芳：若干年前在课堂上讲过这首诗，没有作为爱情诗来解读。我比较赞同张建文老师的解读方向。诗的字面现象是"爱情"，实质并不是。

张鹏：张建文老师所言甚是。我把《再别康桥》当爱情诗教，是针对我的学生缺乏爱情教育而定。中国历代，女性为男性附庸，而到徐诗，则不同了。教学后半段，我事实上把重心移到了林徽因。

王静：《红楼梦》里的贾宝玉早就提倡女权了。

张鹏：《红楼梦》《金瓶梅》《海上花》等文学中的女性意识都值得探讨，但不影响我的判断。

金家岭学校王王：之前对《再别康桥》的诗歌内容理解为就是在释题，告别康桥这个文化启蒙之地。

张建文：文化启蒙之地，概括得好。

张鹏：爱情正是此文化启蒙题中应有之义。简言之，我的意见：一、结合徐和林的经历、徐作此诗背景以及相关评论，把《再别康桥》解读为爱情诗，是有理据的。二、农村中学生极少接触到爱情教育，中学教材中的现代爱情诗又很少，把此诗处理为爱情诗，并借以传达独立、自由、美以及女性觉醒等现代人文思想，是有现实必要性的。

杨灵巧：张建文老师，我不同意《再别康桥》中的"在康河的柔波里，我甘心做一条水草"是依附关系，我认为是忘我，是全心投入，更是天人合一。徐志摩不是完全西化的，比如"那一低头的温柔，像一朵水莲花不胜凉风的娇羞"完全是中国意象。

张建文：杨老师，骨子里的传统与意识上的西化正是现代诗人最纠结的地方。

杨灵巧：《再别康桥》不能当爱情诗讲，但不能回避爱情，这本身是徐志摩诗性生活中很重要的一部分。我可以分享一个故事：儿子在初一时朗诵《再别康桥》，他被深深打动，爱志摩，向往剑桥，也因此不满林徽因，这种情愫很久以后才释然，才愿意承认林徽因是徐志摩一生中遇见的最美好。一个孩子在初中时候的经历，足可以说明我们不必回避，也不必正面引导。

王静：杨老师，徐志摩为爱而生，为爱而死，爱情是他生活里很重要的一部分。

王彦芳：是的，张建文老师。徐的一生就是新旧力量、西东文化更换的鲜活存在（包括矛盾冲突）。

张建文：林徽因是徐志摩一生都难以解开的心结，也是被他虚化的美神，他的诗歌中处处都有林徽因的影子，但他的诗歌却不能仅仅如此解读。

王彦芳：徐的诗被"红"，大多数人是以爱情的方式对待的。特别是林、徐、陆的爱情纠缠，更为大家津津乐道。当然，黄磊的演绎、诗词的唱诵，都有很大的助推作用。

王静：对，我们大众媒体的不懂装懂或是无聊炒作掩盖了诗歌最有价值的东西。不过，兴发感动也很重要。

王彦芳：是的。有了诗人们的兴发，才有了今天我们兴致勃勃的品鉴与诵读享受。当然，咱们自己的兴发就是对诗歌最好的呼应。

邵晓丹：感谢各位老师能开启现代诗的讨论，受益良多！最近在给小学高年级上现代诗，苦于深度、意象等的把握，像《雨巷》《断章》《我是一个任性的孩子》《面朝大海，春暖花开》。

干国祥：《再别康桥》的诠释，是回到作者的"意图"，还是分析意象、意蕴？如何能诠释出这首诗的"真理"？

张建文：从首尾两节看，这结构很特别，诗人与康桥这段情感是不足为外人道的，来时不敢是因为传统观念的束缚，去时不便是因为有一种屈辱在。

第二节：（康桥的）金柳如新娘在心中，是自己主观臆想、一手炮制的偶像。

第三节：为了实现结合的梦想，自己宁可屈身为康河中的水草。

第四节：这样的梦终究还是碎了。

第五节：在幻想中寻梦。

第六节：不能放歌，是因为会把幻想惊醒。

整首诗的核心是沉默，是一段不能向外人诉说的情感经历。

杨灵巧："那颗偶然落下的种子不会长成树木，但因特殊的条件被催化而成熟。都过去了，湖畔走不到头的花阴曲径；都过去了，宿舍水房灯下午夜不眠的沉思，还有轻率的许诺，天真的轻信。告别青春，告别单纯，从此心甘情愿地跋涉于泥泞的长途而不怨尤。也许即在此时，忧患与我们同在，我们背上了沉重的人生十字架。曼妙的幻想，节日的狂欢，天真的虔诚，随着无可弥补的缺憾而远逝。我们有自己的青春祭。"（谢冕《永远的校园》）我觉得本篇可与《再别康桥》对照阅读。

南明网师刘广文：寻梦？徐志摩到康桥寻的什么梦？仅仅是爱情梦？

"我的眼是康桥教我睁的，我的求知欲是康桥给我拨动的，我的自我意识是康桥给我胚胎的。"（徐志摩《吸烟与文化》）

胡适在《追悼志摩》中的一段文字："他的人生观真是一种'单纯信仰'，这里面只有三个大字：一个是爱，一个是自由，一个是美。他梦想这三个理想的条件能够会合在一个人生里，这是他的'单纯信仰'。他的一生的历史，只是他追求这个单纯信仰的实现的历史。"

杨灵巧：《再别康桥》是徐志摩对青春的记忆与怀想，"轻轻地""悄悄地"里有多少珍重与不愿惊扰。

刘广文：对，是青春的怀恋。《再别康桥》的价值，更大的不是情感美，而是艺术美。它的音乐美、意境美，它的节奏、反复的咏叹调，本身就有独立的审美价值。

杨灵巧：文字里自然的节奏真的很美！时空与景物的自然转换也极好！

张鹏：我担心，孩子们一旦喜欢上《再别康桥》的艺术美（音乐、节奏、意境……），就很难欣赏真正的好现代诗了。《再别康桥》恰恰在艺术上还没脱离古典诗的桎梏，不值得以现代诗的眼光欣赏。

张建文：认同。徐志摩的诗广为流传，也是因为里面的古典味儿。

高翔飞：思念一个地方是因为这个地方有曾经爱和思念的人。但思念一个地方，不仅限于思念一个人，这里还有很多故事。康桥是徐志摩浪漫和唯美主义思想的启蒙地。"我的眼是康桥教我睁的，我的求知欲是康桥给我拨动的，我的自我意识是康桥给我胚胎的。"康河的水开启了诗人的性灵，唤醒了久蛰在他心中的诗人的天命。康桥是徐志摩的精神依恋之乡，是从一个封闭的国度到一个全新自由领域的开眼，生命在此得以甜蜜的洗礼，但从这一个角度，再别康桥，就能理解到他的种种不舍。举个例子说，就好比我对运城国际的向往，我觉得那里就是自由灵魂的栖居地，是教育人的精神故乡，单凭这一点，足够让人向往、怀念、不舍。所以，康桥里有没有林徽因，运城国际有没有我爱的人，只是少了一些味道的区别。或者说，康桥故事里有了林徽因，浓郁了诗人的思念。所以，康桥里有爱情，但一定不能仅把它当成爱情诗歌来诠释。文本解读首先得根据作者和所处的时代来解读，然后才是读者自己的诠释吧。至于农村学生爱情教育的问题，从《诗经》的关雎开始，每个朝代都有优秀的文学作品。现代诗歌也有很多。不一定非要康桥。同意杨灵巧的观点。

张鹏：很多人一生只能欣赏《雨巷》《再别康桥》之类的现代诗，未尝不是为教材所误。当然主要是自己不再阅读，不再前行。

刘广文：我赞同张鹏兄的意见。《再别康桥》是古典到现代的过渡，有着浓重的古典影子。穆旦的诗才是真正的现代诗，现代的情感，现代的形式。但是教学，根本的还在于"这一篇"，在于发挥"这一篇"应有的课程价值。

干国祥：讨论热烈，但未免还未挠到痒处——背景不能替代作品的诠释。

刘广文：我理解干老师这个话，是让我们直面文本，真正走进文本。干老师说，要学会向文本提问。今晚我就试了一试，批注了《再别康桥》，发在这里，供干老师及诸君批评。

再别康桥

轻轻的 / 我走了，

正如我 / 轻轻的 / 来；

我 / 轻轻的 / 招手，

作别 / 西天的 / 云彩。

【刘广文批注】为什么要轻轻地来，轻轻地走？因为从后文可以看出康桥是宁静的、绚烂美丽的、让人无限怀恋的，就像作者珍藏于心底的一个梦，就像怀里的一块宝，唯恐惊扰到它，唯恐打碎了它。由此足见其心爱。

为何作别的是"西天的云彩"，而不是"静静的康桥"？天边的云彩，是绚烂美丽的，是自由飘逸的，也是遥不可及的。康桥是让人迷恋的，可终究是远在天边，注定不能拥有的。这云彩也就是诗人眼里康桥的形象代言了。

注意这节的节奏，很短的句子却又是二或三的节拍，再加上"轻轻"叠词的三次反复，形成一种舒缓缠绵的情调。句子的重复，就像微波在轻轻地来回荡漾，正应和着诗人情感的涟漪。读起来有一种缠绵动人的美。

那 / 河畔的 / 金柳，

是 / 夕阳中的 / 新娘；

波光里的 / 艳影，

在我的心头 / 荡漾。

【刘广文批注】为什么是金柳？正照应后面的"夕阳中的"。晚霞中的柳树金光夺目，光彩照人。这确然只能是诗人眼中的柳树了。他太爱这康河，这河畔的柳树了。因此才觉得她是最美艳亮丽的新娘子了。也因此那水里的倒影才会像新娘子的倩影一样在诗人的心头荡漾了。注意是"荡漾"，水波慢慢地、微微地漾开。黄昏时分诗人再次来到河畔，这河边的柳树还是如此美丽，怎么不让人缠绵爱恋不已？这艳影触动诗人多少情感的涟漪！一波又一波……

> 软泥上的 / 青荇，
>
> 油油的 / 在水底 / 招摇；
>
> 在康河的 / 柔波里，
>
> 我甘心 / 做一条水草！

【刘广文批注】青荇，是长在柔软的泥土上，是绿油油的，是随波飘动的，仿佛在招手，在招摇过市，在故意显摆她的美。即使康河里的一条水草，也是这么可爱！哎呀，太爱这里了，在康河的柔波里，即便做一条水草，诗人也是甘心的、心满意足的。

> 那 / 榆荫下的 / 一潭，
>
> 不是 / 清泉，是 / 天上虹；
>
> 揉碎 / 在浮藻间，
>
> 沉淀着 / 彩虹似的 / 梦。

【刘广文批注】为什么说"不是泉水，是天上的虹"，而且"揉碎在浮藻间"？这是非常绚烂的图画。虹倒影在潭水里，晚霞灿烂，夺目的光影浮光跃金，点点闪烁，仿佛被故意揉碎在浮藻之间。这也照应前文夕阳映照时分。

绚烂的美景触动了诗人的回忆。他想到当年在康桥的梦如眼前的彩虹般绚烂美丽。这梦此时已沉淀在这虹里了吧？到底是怎样的梦如此美丽？

作者在《吸烟与文化》一文里说："我不敢说受了康桥的洗礼，一个人就会变了气息，脱了凡胎。我敢说的只是——就我个人说，我的眼是康桥教我睁的，我的求知欲是康桥给我拨动的，我的自我的意识是康桥给我胚胎的。"

在《我所知道的康桥》里作者又说："在星光下听水声，听近村晚钟声，听河畔倦牛刍草声，是我康桥经验中最神秘的一种：大自然的优美、宁静、调谐在这星光与波光的默契中不期然的淹入了你的性灵。"

徐志摩在这里得遇林徽因，并成就一段刻骨铭心的爱情。在康河的波光里他们共同荡舟，在康桥的草坪间他们一同读诗，一同沉醉在自然的光影声色里。

还是胡适看得明白。他在《追悼志摩》中这样说："他的人生观真是一种'单纯信仰'，这里面只有三个大字：一个是爱，一个是自由，一个是美。他梦想这三个理想的条件能够会合在一个人生里，这是他的'单纯信仰'。他的一生的历史，只是他追求这个单纯信仰的实现的历史。"

是康桥，孕育了徐志摩这种爱、美、自由的梦。可是，回到国内的徐志摩在当时的社会境况和个人际遇里，他清楚地知道这些梦是注定无可实现的。

> 寻梦？撑 / 一支长篙，
> 向青草更青处 / 漫溯；
> 满载 / 一船 / 星辉，
> 在星辉斑斓里 / 放歌。

【刘广文批注】为什么要再来康桥，真是要找寻昨日之梦？是吧！看"我""撑一支长篙，向青草更青处漫溯"，啊，"满载一船星辉"，在这河上荡漾，星辉斑斓里我要沉醉了，"我"又回到当年的醉人境界了，

"我"要纵情放歌了。

> 但我 / 不能 / 放歌，
> 悄悄 / 是别离的 / 笙箫；
> 夏虫 / 也为我 / 沉默，
> 沉默 / 是今晚的 / 康桥！

【刘广文批注】可是，也许就在一刹那间，"我"从迷醉间清醒过来。不，"我"是不属于这里的。"我"马上要离开这里。听，星辉下康桥的宁静不正是为"我"奏响的别离的笙箫么？连熟悉的夏虫也不曾鸣叫一声，它们也知道今晚"我"不舍得离开康桥么？是的，唯有沉默！今晚，"我"只能沉默着面对我的康桥。"我"能说什么呢？我能说出些什么呢？"我"爱她，"我"太爱她了！可"我"终究要离开她呀！还能怎么样呢？只能默默告别罢了！

> 悄悄的 / 我走了，
> 正如 / 我悄悄的 / 来；
> 我 / 挥一挥衣袖，
> 不带走 / 一片云彩。

【刘广文评注】轻轻，是心爱，是不想惊扰。悄悄，是不想失去，不愿离别，可又无奈，只得默默以对。首尾的复沓照应，正形成一种一咏三叹的旋律，增强了抒情的意味。诗人是柔婉的，他不会太深地沉溺。他故作潇洒地说，要挥一挥衣袖，不带走一片云彩。既然无法拥有，那就一片云彩也不带走。带走干什么呢？只能让自己更加怀恋。就让"我"将康桥悄悄珍藏心底吧！

一首清新柔美的小诗，他无意逼近存在的深度，只想摇荡你细腻的感觉，让你在美感世界里徜徉、荡漾！

论文体的价值与局限

张建文：本文为《桃花源记》提供了供解读的互文文本。（顾农《桃花源记》可当小说读》。）

干国祥：《桃花源记》本来就是小说呀。

张建文：我们一般是当散文来解读的。

干国祥：当时其实没有今天的文体概念，但以我们后世的"尺度"去归类，《桃花源记》该归于哪类呢？

张建文：寓言？

王欢：笔记小说。《魏晋南北朝小说》里选了。

干国祥：寓言的特征就是寓意为中心，寓面与寓意的纠缠，就是寓言的关键。《桃花源记》列入小说更佳——我们这些后世人的归类框架可以更稳固些。

曹晓丽：文体的归类，是需要老师们了解，还是需要给学生传递？还是要针对不同的文体进行不同的教学内容设计？

干国祥：好问！归类即思维，格物就是归类。格，格子，格物，把事物归于不同格子。所以如何归类其实很重要。但是，类不是客观真理，乃是主观的理解框架，需要让学生清楚这一点。文体或归类教学，乃是后面值得深究的一大学问！所谓格物致知，也就是把事物归类整理，从而获得了对事物的知识（此事物可以是物质也可以是思想）。

曹晓丽：但真实的教学中，常常把文本分两类教，文言文和现代文。

干国祥：人分为男人和女人，也没错啊！

张鹏：归类就是把事物纳入自己已有的知识系统，就是知识系统化。这是极重要的一个能力。

曹晓丽：男人、女人，文言文、现代文，一看就大体知道。那我们止步于语言知识，显然还不够。

杨枫：但是现代文、文言文是用语言来区分，而不是以文体区分，不是男人女人的区别吧。

干国祥：所以人还可以分为工人、农民、商人、教师、医生……每个分类都没错，关键是怎么使用分类！婴孩、童子、少年、青年……又一分类。无数分类，不要试图一劳永逸。关键是格物致知的本身，是思维。一篇文章，可以同时是文言文、叙事文、哲理学、神话文、对话文……简单归于一类不可能万事大吉，只会导致一叶障目、两耳塞豆。

张建文：分类背后的逻辑是对文体本质特征的认识。比如小说的本质性特征是虚构和冲突，而不是传统的三要素。寓言是一种独立于小说之外的文体，还是归属于小说之下的小分支。

曹晓丽：那就先从叙事文说起吧。和叙事文对应的是什么？议论文、说明文、抒情散文？神话文，是和寓言文、小说文、散文一起分？

干国祥：叙事文首先有虚构和非虚构之分。其实不难——不要拘泥才是关键。要知道所有框架都是人为人造，既不能全包，又不能不兼具与混杂。关键是抓住各个文体的核心逻辑。试图用一个完整的单一框架安排好一切的，是最没有创造力的教授。

王富超：搞清楚文体特征很重要，因为它决定我们观看文本的角度，角度很重要，这就像我们申辩式思维常常做的，要对评判的标准进行审查。很多时候，我对文体是不够敏感的，各种文体特征并不清晰。

干国祥：定文体，就是决定我们用那种框架去"看"。

曹晓丽：学会"看"是内功。《德语诗学》就在起教会"看"的作用，但还是看不懂。

干国祥：《逍遥游》是诗歌，是神话，是论文，是象征，是对话，是寓言……分析时必然得有所选择，每一种选择必定有所见，有所不见。但终归，某些框架要远远高过其他框架。

曹晓丽：《逍遥游》为什么是论文呢？就是因为在论证庄子的观点？

干国祥：对，它是严谨的论文，但不是用现代人的写作程式。

张建文：《逍遥游》用寓言的方式通过与潜在的论争者对话，从而论证自己的观点。

干国祥：必须牢记的是：古代和现代创作者是不按文体写作的，他们或者在文体之前，或者在文体之外。文体是语文教师们的创造，用来对文章"格物致知"的。但文体图式总是既有效又有限的。绝大多数优秀文本是超越文体，不接受文体安排的。

王欢：文成体破。

郭治锋：语文教学领域，包括教学大纲、课程标准，这些年不仅主张淡化语法，也主张淡化文体。

干国祥：淡化文体其实不妥，淡化文体就等于弄了笔糊涂账。

曹晓丽：我们不必直接给学生讲述文体知识。但在教学中，应该考虑到文章的本质。

如果某些框架是远远高过其他框架的，那就应该是我们在教学中应该考虑的。

干国祥：对。需要的是重新理解文体在认识和理解上的意义与价值，而不是考察毫无价值的僵死的文体知识。

王欢：干老师，从创作角度来说，很难严格只用一种文体。如司马迁《史记》，前人就质疑，夜半私语，谁人听来？谁人见来？其实是司马迁用的小说笔法。

干国祥：对。

张建文：要有文体意识，文体是一种认知框架；但又不能固化，要使用文体知识和文本展开对话，向文本提问。

王欢：从读者角度关注文体又是另一回事。《管锥编·全上古三代秦汉三国六朝文·全晋文》有专章论述。

干国祥：对于文体，我想说的是四个字："过河拆桥。"文体即是那渡河的桥。

王欢：那我也应四个字，"到岸舍筏"。筏者所以在岸，到岸舍筏；荃者所以在鱼，得鱼而忘荃。读者不能不小心在意文体，拘泥文体又不太好了。

郭治锋：优秀作家的好文章是不在乎文体的，但学生初学，还是要有文体知识的。并且，小说永远是小说，诗歌永远不同于剧本。一般实用类文章中，记叙、议论、抒情往往是混用的，文章到底属于哪种体裁，有时不好划分。

曹晓丽：郭老师又提到了一个很实际的问题，我们对于文体概念的理解，怎么去和学生对话。因为对话不止发生在这里，也时刻发生在我们的课堂。

干国祥：我本人比较喜欢利用文体来教学，增强对文本的理解。

曹晓丽：干老师能否举几个例子呢？

干国祥：从一开始判《斑羚飞渡》为寓言体，《丑小鸭》有象征（接近神话的童话），后面更是越来越有意识。所以《礼物》必讲短篇叙事技巧，《生辰纲》必讲矛盾冲突中的人物命运……没有文体，就不好下水，不好过河。但最终，主题与母题，会成为更高的话题。这就是"过河拆桥"！

四不像的《猫》
——写于杨枫教研课《猫》之后

　　参考王荣生先生提出的定篇、样本、例文、用件的教材四分法，我建议把课文处理为经典、典型、材料三类教材。经典，就是以尽可能透彻理解为先，当成对一个既定社会最高文化财富的悦纳——当然，这和批判性思维的训练并无任何矛盾之处。典型，主要是从语文知识上来处理课文，比如抒情散文典型、写景散文典型、人物小说典型……乃至段落结构或者叙事方式的典型等。材料，就是把课文处理为训练素材，譬如朗诵训练、思辨训练、字词训练、语法训练等，这往往和文本自身蕴含的特点相关联。

　　经典，是从文化和文学角度来考虑的；典型，是从语文知识和叙事方法细分来考虑的；材料，是从语文技术、语文技能来考虑的。当然，语文素养是一体的，一个文本也往往多少兼具几种教材的特征。区分，是为了教学清晰、简洁、易于操作，而不是说一篇课文天然就贴准了某类标签，更不是说处理为某类教材，就完全不同于其他几类——事实上它们只是依据文本自身价值的倾向性，处理成不同角度进入的语文教学而已。

　　那么像郑振铎的《猫》，处理为经典、典型、材料中的那一种比较合适？

　　杨枫老师把《猫》处理为了经典（或者，把大多数"公开课"课文处理成了经典——如果是这样，那就问题不小了）。我知道最主要的原因是《猫》这篇课文的"复杂性"或者说"歧义性"。它的扑朔迷离，使得许多人认为其"深不可测"，当属于经典。其实，正如我开过的一个玩笑：一潭水不可见底有两种可能：一是深不可测，二是混不可测。我以为，《猫》当属于后者，也就是混不可测，而非深不可测。

因为混不可测，所以《猫》既不适宜于处理为经典，也不适宜于处理为典型。

《猫》之混不可测，首先表现在文体上的"混淆"。有人喜欢从虚构与否来判断一篇叙事文章属于散文还是小说，但这毕竟是皮相。仅仅从语文教育的角度来观照，小说之为小说，叙事上的特征是非常鲜明的，而散文的"形散神不散"、更重意而不是叙事形式的纪律性，这一点也是鲜明的。一些小说事实上很不成功地写成了"散文"，是因为叙事学上的不成熟；一些散文则弄巧成拙地写成了"小说"，则是源于作者的匠心和匠气，结果虚构得不真切，精巧得不真诚。散文为什么要强调真实性，其实最终不是叙事虚构与否，而是是否因为暴露了虚构，进而影响到了文章的真诚。

《猫》是散文写成了小说，还是小说写成了散文，这个得问作者本人，但也并不重要——重要的是看清这个事实：这是一篇虚构明显，但又高度符合散文叙事特征的文章。

《猫》之混不可测，其次表现在主题与主旨上的复杂。弱势群体说，反省与冤屈说，宠物问题说……不一而足。

为什么会这样？因为叙事上的头绪太多！

短短的文章里，至少有三个半人、三只半猫，而且它们居然不小心构成了可以一一对应的关系：天真美好的三妹和白猫；好看且有用的我和黄猫；同属弱势群体的张婶和花猫；偷猫的路人和偷鸟的黑猫……甚至还有黄鸟与黄猫的命运对应！

从三妹和路人，自然可以探讨"宠物之爱"的话题，下可以延伸到宠物进化与人类被宠物迷惑的基因科学，或者说进化心理学，上可以追问到驯养关系、爱与责任等重大人类母题。

从张婶和花猫，自然可以看到"弱势群体"的命运和作者强行赋予的"弱者美德"——这也可以理解为当时世界流行的无产阶级赞美风。

从叙事者"我"，当然可以感受到高贵者、成功者的骄傲，从而聚焦于偏见、冤屈、知识分子的深刻反省……

显而易见，主题或主旨的丰富不是单一作品形象的丰富，而是作品人物众多、喧宾无主的结果。

而且致命的问题在于，正是过于精巧、巧合的安排，使得文章无论在叙事上，还是在情感上，都显得有些不真实，甚至不真诚。感觉似乎是为了讴歌和痛诉，精心安排了"反面角色"，或者说用来衬托人和物。三妹也罢，白猫和黄猫也罢，本来可以不必讲，或者一笔带过的，但浓墨重彩地写在文章里，却仅仅是为了供对比批评（三妹之于张婶），或者为"主角"做没有多少价值的映衬（白猫、黄猫之于花猫）。

综上所述，《猫》上作经典，分量不足；下成典型，则又是一头四不像。处理为主题讨论（宠物问题、偏见和冤屈问题等），或者处理为叙事研究（虚构与文体问题、刻意的形象安排等），或者更好一些。

为什么托尔斯泰的《穷人》属于典型而非经典
—— 写于周小娟教研课后

参考王荣生先生提出的定篇、样本、例文、用件的教材四分法，我建议把课文处理为经典、典型、材料三类教材。经典，就是以尽可能透彻理解为先，当成对一个既定社会最高文化财富的悦纳——当然，这和批判性思维的训练并无任何矛盾之处。典型，主要是从语文知识上来处理课文，比如抒情散文典型、写景散文典型、人物小说典型……乃至段落结构或者叙事方式的典型等。材料，就是把课文处理为训练素材，譬如朗诵训练、思辨训练、字词训练、语法训练等，这往往和文本自身蕴含的特点相关联。

经典，是从文化和文学角度来考虑的；典型，是从语文知识和叙事方法细分来考虑的；材料，是从语文技术、语文技能来考虑的。当然，语文素养是一体的，一个文本也往往多少兼具几种教材的特征。区分，是为了教学清晰、简洁、易于操作，而不是说一篇课文天然就贴准了某类标签，更不是说处理为某类教材，就完全不同于其他几类——事实上它们只是依据文本自身价值的倾向性，处理成不同角度进入的语文教学而已。

在小学语文教材中，《穷人》和《凡卡》《卖火柴的小女孩》等文章，都可算作非常难得的名作。《穷人》本是法国大文豪雨果的叙事诗，经俄国大文豪托尔斯泰改成小说，注定不凡。

但从判定教材的角度讲，《穷人》依然是一篇小说典型，而不是文学经典。

《穷人》作为小说，各种叙事元素基本具备，精致精巧，可谓典型。但小说的主题免不了有拔高、脱离之嫌；渔人桑娜夫妻的形象，高大而不够亲切——我的这一判断可能会招致多方批评，容我缓缓道来。

小说常规的要素，无非是人物、情节、环境，而三者又必须高度统一。通过人物的行动，呈现人物在命运中的人格力量，这是人物要素之魂，诸描写只不过是必不可少的皮相。曲折跌宕，波澜起伏，引人入胜，这是小说之为小说的最初形式。如何吸引人？其实就是通过矛盾冲突，让读者仿佛自身被卷入了激荡的命运；而每一处转折能在意料之外、情理之中，也就达到了叙事艺术的最高境界。至于环境要素，其实就是舞台的背景，它或者和人物色调一致，达到和谐统一；或者和人物形成重大冲突，从而构成视觉审美上的巨大反差，突现人物的命运，以及精神力量。

以上诸种要素，在《穷人》这一短篇中不仅具足，而且都相当出色。

第一段环境描写，其实是双重的环境描写。用比较教条的小说要素来分析，室外属于自然环境描写，但暗示的却是当时整个社会的生存条件和氛围。残酷，阴暗，粗暴，危险……这使得小说明明不是武打，不是战争，但却依然有惊心动魄的效果。室内属于社会环境描写，正好和室外环境构成了鲜明的对比。它温馨、温暖、干净、安宁，其实就是主角桑娜的外化、物化，是桑娜内心精神化为了这间渔家小屋。但是，在整个自然环境的巨大阴影中，小屋不仅清贫，而且单薄，它的力量和光芒都是非常有限的。这不仅仅是黑暗与光明、寒冷与温暖的对比，也是巨大与微弱的对比。

仅仅是这一段的环境描写，就非常成功，相当精彩。室外社会环境和主角是同质的、一体的；它又和室外的大的自然环境构成了鲜明的对比，既是色调的对比，又是力量的对比。情节冲突已暗含其中，人物命运也已呼之欲出。

后面几段，就是情节上矛盾冲突的设置：首先是交代自己家的情况，五个孩子，丈夫为养活家人不得不冒险出海，生存已经到了最后的底线，幸福既真真切切又岌岌可危；然后，在此基础上，就出现了最困难的选择，邻人西蒙的病逝，面对两个熟睡中的孩子，桑娜会何去何从？

在寡妇西蒙家，又出现了环境描写以及人物的肖像描写。这处环境描写和第一段构成重要的呼应，它既是互文，又是对比。在此处，家或者说房子已经"失守"，它不再温暖，不再光明。随着主人的逝去，它和外面的环境一样，变得阴冷、黑暗、可怖。唯一的光明与温暖，是最后的母爱守护下的两个孩子，他们是这间屋子、这个家最后的一丝活力，随时可能消逝于巨大的黑暗和寒冷中。

艰难的抉择、内心的煎熬是意料之中的，最终怎么选择也是意料之中的。现在的问题就是桑娜的选择，时刻被大海威胁着生存的丈夫会同意她吗？

这就是小说的高潮和结尾，此处的叙事，颇有点欧·亨利式的味道，但没有那样刻意。

在这里，这篇小说的叙事艺术之高明，又一次得到了体现：小说一直以桑娜作为主线和主角在描写，但真正承担起家庭最大重压的，却是她的丈夫——也就是说，如果斗争的主角是渔夫，而选择的主角却只是他妻子，那么小说就不完美了。而仅仅出现一个场景，就让一直作为背景而存在的渔夫从暗中走到明亮处，成为小说的主角，暗线和主线融为一体，妻子和丈夫融为一体，这样的叙事，不可谓不高超。通过小屋，我们知道了桑娜是一个怎样的主妇，而通过小说开头的风暴描写，结合结尾处的命运选择，我们自然就知道了她丈夫是一个怎样的一家之主。

综上所述，这篇短短的千来字的小说，确实是一篇极其典型的小说。麻雀虽小，五脏俱全，对它的精细分析，将能够帮助学生初步认识真正的小说叙事究竟有何要求，能达到怎样高明的境界。

那么，为什么我不赞同它是经典呢？毕竟，经典往往同时也是典型，典型往往同时也是经典。为什么《穷人》只是典型，而尚不是经典？

当我们阅读小说时，我们会不自觉地把自己"代入"情景中，成为小说的主角，面临着他们相同的处境和抉择。那么在我们面临渔夫夫妻俩相同的命运和处境时，我们的内心究竟发生了什么？

我们似乎和桑娜及她丈夫一样，会不由自主地抱起西蒙的两个遗孤；但问我们是不是会牺牲自己丈夫和孩子的幸福，甚至让他们因此面临难以生存下去的危险时，我们却犹豫了，甚至退却了。这里的问题是，似乎我们的犹豫和退却，在道义上并不是十分可耻的，它也是理由充分的。

小说的情理之中，也就是孟子所说的恻隐之心："所以谓人皆有不忍人之心……今人乍见孺子将入于井，皆有怵惕恻隐之心——非所以内交于孺子之父母也，非所以要誉于乡党朋友也，非恶其声而然也。由是观之，无恻隐之心，非人也"（《孟子·公孙丑》）。

正如孟子所论述的那样，哪怕一个罪犯，在看到婴孩要掉到井里去时，他也会不由自主、不求报答地伸手去救援，这就是人之为人的人性、本性。所以无论是桑娜夫妇，还是我们，面对西蒙的两个遗孤，我们都会产生伸出双手的冲动。

但是这一时的人性冲动，和小说中设定的选择有着完全不同的意义。在人性中，这种救援是非思虑的，无条件的；而在小说中，前面反反复复地刻画了生存环境的恶劣，丈夫冒险出海，已有五个孩子的压力，都使得这一选择不再成为人性之善的一时冲动，而成了愿不愿意为这一选择做出巨大牺牲的道德两难。

小说没有清理这二者的差异，把人性的必然性冲动和道德的二难选择放在了一起，让读者被迫做出选择：不伸出双手，违背的是人性，这时候自己就几乎成了禽兽；伸出双手，依据小说的设定，必定置家人于困境，本就岌岌可危的幸福，几乎没有保全的可能。

这不公平！

在这样的设定中，桑娜夫妇的形象陡然拔高了：这时候伸出双手不再是人性的必然冲动，而是做出了我们所不能做的道德抉择——而依据文章的潜在逻辑，这似乎反而是穷人才更能够具备的美德。

于是，桑娜夫妇离我们而远去，我们更加尊敬他们，却似乎不再和他们站在一起。

捅破这层纸，如果是我们，我们会怎么做？很简单，我们必然会抱起孩子，但是，这并不是表示我们非得从此视这两个孩子为自己的孩子，冒家庭破裂的风险，承担起这两个孩子的抚养之责。是的，我们会把他们送到社会福利机构，送给更有能力抚养他们的人手中，尤其是富人——无论对自己的孩子还是这两个孩子，也许这都是更好的选择。是的，也许别人没有我自以为拥有的爱心、责任和公平，但是，我们首先应该担当起自己家庭的责任，在此基础上，我们才有资格去尝试自己是不是真的能够比别人做得更好。

这才是更合理的选择吧？但这样，桑娜夫妇的形象就陡然降了下来，小说的精心设计也就毁于一旦。

是让小说更动人，还是让小说更人性？《穷人》背后的两难，注定了这篇小说在主旨上的漏洞，所以我说，它是小说叙事的典型，要说经典，也只是这方面的经典。但在我们的设定中，经典只指文学和文化意义上的杰出文本，在那里，对人性的深邃和丰富探索得更深邃、更丰富的人物形象，将引导我们去追问生命的意义与价值。